『ONE PIECE』と『相棒』でわかる！

細野真宏の
世界一わかりやすい
投資講座

細野真宏

文春新書

914

はじめに

「投資」というと、興味はあっても、やはり
「経済は難しい」といったイメージがあるためか、
なかなかハードルが高いと感じる人が多いようです。
　ただ、イメージが先行しているだけで、実は
「投資」というのは、それほどハードルが高いものではないのです。

　例えば、みなさんは、日常の中でテレビを見たり、
映画を観たり、マンガを読んだりしていますが、
実は、その中から「投資」の答えを見つけることも
できるのです。
　この本では、そんな**"身近な情報から、どこまで
投資に関することがわかるのか"**を、**「基本」**から
「応用方法」まで、**"最大限わかりやすく"**解説して
いきます。

　"世の中の事柄"は、一見すると、それぞれの情報は
バラバラに見えますが、
「根本的な部分ではつながっている」ものなのです！

この本は**「投資」の方法を知りながら「世の中の経済の仕組み」**まで見えてくる、いわば「ミステリー作品」の作りで、読み進めると**「思考力を磨く本」**にもなっているのです。

　そのため、**この本を読み終わった後には、「投資や経済に対する基礎知識」**が自然と身に付くだけでなく**「世の中の情報に対する見え方」**さえも大きく変わっていくことになり、**新しい自分を発見できるようになる**はずです。

細野真宏

謝辞
　この本は、構想から実に6年もかかってしまいましたが、その間、辛抱強く待ち続けてくれた文藝春秋の渡邉庸三氏に感謝いたします。またその間に書籍編集部で担当者であった髙橋夏樹氏、坂本一馬氏のサポートもあり、ようやく完成に至ることができました。この場を借りて感謝の意を表します。

目次

● はじめに _____ P. 3

Level 1 （上場、証券取引所） P. 9
そもそも「株式投資」とは？

Level 2 （IR、配当金） P. 15
「株式投資」では、どの会社に注目すべき？

Level 3 （株主優待） P. 21
日本では「株式投資」が個人に向いている理由

Level 4 （配当利回り） P. 31
株式投資と預貯金は、どっちがいいのか？

Level 5 （「元本割れ」の誤解） P. 37
なぜ株式投資は、中長期に向いているのか？

Level 6 (PBR) _____ P. 45
株式投資は、どのタイミングで始めればいい？

Level 7 (投資と投機) _____ P. 55
株式投資は、プロのような情報が必要不可欠？

Level 8 (リスク分散) _____ P. 67
『ワンピース』でわかる経済の仕組み
映画業界の仕組み編 1

コラム Coffee Break _____ P. 75
『ONE　PIECE　FILM　Z』の大ヒットの背景

Level 9 (会社の仕組み) _____ P. 77
『ワンピース』でわかる経済の仕組み
映画業界の仕組み編 2

コラム Coffee Break _____ P. 86
あの映画の「採算ライン」は？　興行収入 編 1

Level 10　ニュースと株価
『ワンピース』でわかる経済の仕組み
投資のタイミング編1
_____P. 89

コラム　Coffee Break_____P. 101
あの映画の「採算ライン」は？　興行収入 編2

Level 11　株主構成
『ワンピース』でわかる経済の仕組み
投資のタイミング編2
_____P. 105

コラム　Coffee Break_____P. 113
『ヱヴァンゲリヲン』が動かす意外な株とは？

Level 12　PER
株式投資で元本は、どのくらいで倍増できる？
_____P. 117

コラム　Coffee Break_____P. 127
あの映画の「採算ライン」は？　製作費 編1

Level 13 （配当性向） P. 131
株式投資における「ひっかけ問題」1

コラム　Coffee Break P. 149
あの映画の「採算ライン」は？　**製作費 編 2**

Level 14 （「PBR」の誤解） P. 153
株式投資における「ひっかけ問題」2

コラム　Coffee Break P. 160
あの映画の「採算ライン」は？　**製作費 編 3**

Level 15 （最新の経済の見方） P. 165
株式投資と「アベノミクス」の関係
「アベノミクス」は偶然？ それとも必然？

●特別ふろく P. 181
「初めて株式投資をする人」の注文ガイド！

Level 1

そもそも
「株式投資」とは？

Level 1

<u>そもそも「株式投資」とは？</u>

「そもそも"投資"って何なの？」

まずは、そこから確認することが大事だね。
簡単に言えば上手にお金を増やしていくことなんだ。

「でも、それは"難しい知識"が必要なんだよね？」

いや、実は、それは誤解で、一つひとつを段階的に押さえることができれば、それほど難しいものではないんだよ。

最初は、世の中の関心が一番高い「株式投資」について考えてみようか。

まず、**日本には「株式会社」は約100万社もあるんだ。**

そして、株式会社を作る際には**「資本金」**が必要になるんだよ。

Level 1　そもそも「株式投資」とは？

「"資本金"って何？」

会社がスタート時に仕事をするために必要となるお金のことで、会社が「経営がうまくいけば"利益の一部"を渡すからお金を出して」と、お金を集めるんだよ。

その際に渡すのが**「株券」**なんだよ。

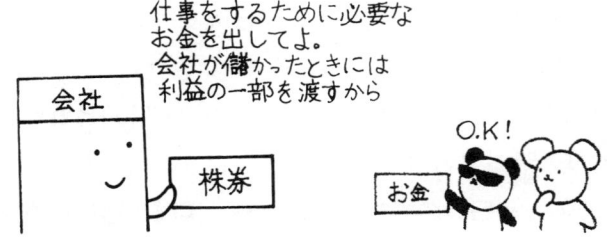

「つまり、日本では100万社の株が買えるのか」

いや、それは誤解で、**"株式会社の株"は、すべてが買えるわけではない**んだよ。

特に規模の小さい会社の場合は身内でお金を集めている場合が多いし、大手でも身内でお金を集めて、株を売りに出していない会社が多いんだ。

「えっ、そうなの？ それなら、買える株はどういう会社なの？」

ポイントは、**「上場しているかどうか」**なんだよ。

まず、株が売りに出されていても、その株が安心できるかどうか心配だよね。
そこで、「証券取引所」というところが、キチンと審査をして「この会社については大丈夫」という判断をするんだよ。
その結果、その証券取引所で「上場」が許可されて、その段階で自由に株が売買できるようになるんだ。
そのため**日本の株式会社のうち、実際に自由に株を売買できるのは、全体のわずか約0.4％しかない**んだよ。

「えっ、たったの0.4％しか買えないの？！」

そうなんだ。
でも、別の言い方をすれば、**約3700社もの会社から自由に欲しい株を選ぶことができる**んだよ。

「なるほど。そう考えると、すごく選択肢が多いんだね」

　日本の「証券取引所」については、東京証券取引所（東証）やジャスダックなどが有名だけれど、中でも**東京証券取引所の「第一部」は最もハードルが高い**ので、その会社は**「東証一部上場企業」**として有名になるんだ。

　ただ、その「東証一部上場企業」でも、**1700社程度もある**から、たいていの人は、むしろその中から選び出すのでも大変なのが現実なんだよ。

「確かに、会社名はＣＭなどで聞く会社くらいしか知らないかも…。
まずはそこが課題なのか」

Level 2

「株式投資」では、どの会社に注目すべき？

Level 2

「株式投資」では、どの会社に注目すべき？

「株式投資は、キチンと利益を出してくれる会社を選ぶ必要があるよね。
これらは、どうやったらわかるものなの？」

まず、「**個人**」が株式投資を考える際に重要なことは、"**よく知らない会社には距離を置く**"ということだね。

あくまで"顔のよく見える馴染みのある会社"で、キチンと利益を上げている会社を見つけることが重要なんだよ。

「確かに、"知っているかどうか"で安心感はまったく違うね」

そうなんだよ。日常で身近な会社の場合だと「この商品は人気があるな」とか、会社の状況も見えやすいよね。

Level 2 「株式投資」では、どの会社に注目すべき？

　その上で、会社が本当に利益を上げているのかどうかは、まずは**「配当金」**を見ればいいんだよ。

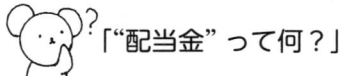
「"配当金"って何？」

　これは、まさに会社が「株式」を発行する際に、「経営がうまくいけば"利益の一部"を渡すからお金を出して」と約束してお金を集めるわけだよね。
　配当金というのは、この**「株主に渡るお金」**のことで、この"配当金の結果"で実際の経営がどうなのかわかる**んだ。

「なるほどね。でも、その配当金は、
　どこを見たら知ることができるの？」

　それは「会社のホームページ」や「Yahoo！」などの検索サービスで簡単に確認することができるんだよ。まず、基本的に株を上場している場合はホームページに**「IRのページ」**というのがあるんだよ。

「"IR"って何？」

IR（アイ・アール）というのは
「Investor（投資家） Relations（関係）」の略で、
会社からの投資家に対する広報活動のことで、
「IRのページ」に、その会社の経営状況などが
わかりやすく出ているんだよ。

　例えば身近な会社の場合で見てみようか。
ドラッグストア大手の「マツモトキヨシ」のお店は、
実際にお客さんが多くいる印象だけれど、果たして
商売はうまくいっているのかを、「配当金」に着目
してみてみよう。

「要は、その会社のHPを見ればいいんだよね」

　そういうことだね。
　まずは、「マツモトキヨシ」を運営している会社の
正式な名前は「株式会社 マツモトキヨシ ホールディ
ングス」というんだ。
　そのホームページに『株主・投資家の皆さまへ』と
いったページがあって、そこに、次のような
「配当金」の推移が出ているんだよ。

「株式会社 マツモトキヨシHD」の「配当金」の推移

```
2008年3月期    配当金 20円  （年間）

2009年3月期    配当金 30円  （年間）

2010年3月期    配当金 30円  （年間）

2011年3月期    配当金 40円  （年間）

2012年3月期    配当金 40円  （年間）
```

「へ〜、どんどん増えていっているね！
これは、実際に仕事がうまくいっているってことなの？」

基本的には、そういうことなんだ。
あくまで配当金は、会社の利益から支払われるものだからね。

「なるほどね。つまり、
身近な会社で期待ができそうな時は、まずは
"配当金の動き"をチェックしてみればいい
わけだね！」

Level 3

日本では
「株式投資」が
個人に向いている
理由

Level 3

日本では「株式投資」が個人に向いている理由

「気になる会社を探すには、普段の生活で見つける以外では、他にはどんな方法があるの?」

まず、結論から言うと、日本人は、株式投資がしやすい環境にあるんだよ。
なぜなら「株主優待」が充実しているからね。

「"株主優待"って何?」

「株主優待」とは、株を買ってくれた株主に対して、会社がお礼の意味を込めて「自社商品」や「買い物券」などを送るものなんだ。
要は、「お歳暮」や「お中元」に似たものだね。

「お歳暮やお中元みたいなもの、ということは毎年1、2回もプレゼントをもらえるってこと?」

Level 3　日本では「株式投資」が個人に向いている理由

そういうことなんだよ。

　例えば、**マクドナルド**であれば、**半年に一度「株主優待券」**が送られてきて、その冊子には「サンドイッチ引換券」と「サイドメニュー引換券」と「ドリンク引換券」がセットになっていて、商品の金額にかかわらず、好きな商品が選べるようになっているんだよ。
　ちなみに、"購入する株数"によって枚数が異なるようになっていて、多い場合は、**半年分で6シートが5冊も入っているから、年間では60食分**にもなるんだよ。

「へ〜そんなにもらえるなら食費も助かるね」

そうなんだよ。
　また「すき家」などで有名な**ゼンショー**の場合は、**半年に一度「500円単位の金券」**が送られてきて、これも、多い場合では**半年に3万円分**になるんだよ。
　1食500円で済む場合も多いから、**年間では120食分**にもなるね。

また、"店舗"がない食品メーカーなどの場合では、例えば、**ハウス食品の場合は、半年に一度「自社商品」の詰め合わせが送られてくる**んだよ。

「なるほどね。株主になると、こういう
　プレゼントがもらえるなら、
　気になる会社が見つけやすいね」

　そうなんだ。女性の人気が高いのは化粧品会社だね。例えば、**コーセー、ファンケル、ノエビアなどはカタログから自社商品を選べるようになっている**ね。

「へ〜欲しい商品まで選べるのか。
　株主優待って、
　とても魅力的なサービスだね」

　実はこのようなサービスは日本特有のものなんだ。基本的に「株主優待」という制度は海外にはなくて、日本ならではの習慣なんだよ。
　その意味で**「株主優待」がある日本は、個人が株式投資をするには、向いている**んだ。

Level 3　日本では「株式投資」が個人に向いている理由

「へ〜そうなんだ。でも、どうして日本では
　個人が優遇されるようになっているの？」

　そもそも"日本の会社の大きな特徴"に
「株式の持ち合い」という仕組みがあって、これが背景の1つにあるんだよ。
　要は、これまでの日本の会社では、**関係の強い会社同士でお互いの株を持ち合っていた**んだ。
　この「株式の持ち合い」によって、日本の会社では「買収」が起こりにくいような状況を生み出していたんだよ。

「確かに、仲良しの会社でお互いに株を
　持ち合っていれば、知らない会社が
　大量に買うのは起こりにくいね」

　ところが、リーマン・ショックなどで様々な会社の株価が大幅に下落したことで、「株式の持ち合い」が解消される方向に進んできているんだよ。
　会社が株を多く保有していると、株価が下がった時のダメージも大きいからね。

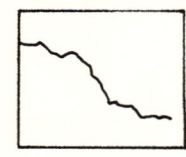 

「そうか、あまり会社が株を持ちすぎると、
本業が好調でも、経営が
他社の株価に左右されるのか」

そういうことなんだ。その結果「株式の持ち合い」
を減らすために、それまで持ち合っていた株を、自社
で買い戻す動きが出たりしたので、今では
"自社が１番多く自社の株を持っている"というような
「自社が筆頭株主」といった会社が増えてきてしまって
いるんだよ。

「え、そもそも株って、
他からお金を集めるために発行するもの
なのに、何か変な状況だよね…」

まさに、少しおかしな状況なんだよ。

そこで日本の会社が以前にも増して注目し始めたのが「個人投資家」なんだよ。

これまでのように、「取引先の会社」などが株を買いにくくなってきているため、個人に"新たな"「安定株主」になってもらおうとしているわけだね。

そこで「株主優待」という仕組みがどんどん増えていくことになっているんだよ。

「そうか。株主優待があれば、株式投資は個人に身近なものになるからね！」

会社は、株主優待を通じて「消費者」でもある個人投資家に、自社の商品やサービスへの理解を深めてもらうことができるよね。

そして、**気に入ってもらえれば、「ファン」として長期保有する「安定株主」になってもらえるから、実施する会社はここ数年、増加している**んだよ。

「なるほどね。好きな会社で、商品が毎年もらえるなら、株は売らずに持っていたいね」

そうだよね。そこで会社側も「長期の安定株主」には、優遇するような仕組みを取り入れるようになってきているんだよ。

例えば化粧品メーカーの**「ポーラ・オルビスHD」**の場合「株主優待の仕組み」は次のようになっているんだ。

保有株式数、保有年数に応じポイント （１ポイント＝約１００円相当）を進呈。		
保有ポイントに応じて設定コースから 好きな商品を選択できる。		
保有株式数／年数	３年未満	３年以上
１００株以上	６０ポイント	８０ポイント
３００株以上	８０ポイント	１００ポイント
５００株以上	１００ポイント	１２０ポイント
ポイントの繰越有効期限は３年		

「へ〜、３年も"ポイントの繰り越し"までできるようになっているのか。
　ここまでサービスが手厚いと関心が出るね」

このような「個人投資家に向けたサービス」はどんどん増えていっていて、今では上場企業で株主優待を実施しているのは、約1000社もあるんだ。

「つまり、**1000社からサービスを選べるわけだね**」

　そういうことだね。上場企業は約3700社あるから、今は**「上場企業の約3.7社に1社が株主優待アリ」**ということになるね。
　このように個人投資家が、銘柄を選びやすくなってきているのは良い傾向なんだよ。

Level 4

株式投資と預貯金は、どっちがいいのか？

Level 4

株式投資と預貯金は、どっちがいいのか？

「そもそも預貯金と株式投資って、どんな違いがあるものなの？」

まず、**"預貯金"の場合は、僕らが預けたお金を銀行や郵便局が運用をしているんだよ。**

例えば銀行の場合は、預金を使って、会社や個人にお金を貸し出すことで「金利」を得ているんだよ。

また銀行は、預金を使って、株式投資などの運用も行なっているんだよ。

そして、**預金者には、それらの利益から「利子」を払うんだよ。**

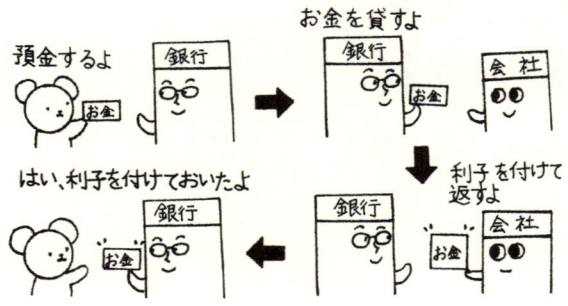

Level 4　株式投資と預貯金は、どっちがいいのか？

「へ〜、こういう仕組みになっているんだ。
あ、でも、"預金の利子"と"ローンの利子"は
ずいぶん金利に差があるんじゃないの？」

そうだよね。
　預金金利は通常の場合は、0.02％や0.03％というような「超低金利」だけど、住宅ローンなどの貸出金利は2％や3％が当たり前だよね。

「え！　それじゃあ、
100倍も差があるってこと？」

そういうことだね。これは**「間接金融」**だから仕方ない面があるんだよ。
　つまり、**僕ら預金者は、銀行を通して、間接的にお金を出している**わけだよね。
　この仕組みは**リスクは銀行にあって、もし貸したお金が戻ってこなかったら、銀行が損をする**ことになるんだよ。
　その一方で、僕ら預金者の預けたお金は「元本」が基本的に保護されているわけだよね。

「う〜ん、確かに理屈はわかるけれど、
　100倍の差は大きすぎる気がするんだよね。
　あ、そうか、これが、金融機関が儲かる理由
　なんだね……」

　いや、これは"金融機関の特権(特別な権利)"というより、**「直接金融」**と**「間接金融」**の違いなんだ。
　つまり、**大きな利益を得たいなら、直接お金を出すほうになればいい**んだよ。

「なるほど、そういうことか。
　だけど、個人の場合は、どうやれば
　その立場になれるの？」

　その大きな答えが「株式投資」なんだよ。
株式投資の場合は、まさに直接、会社にお金を出すことになるからね。

「なるほどね。でも、
　そもそも株式投資の場合は、預金の
　100倍もの金利がもらえるものなの？」

Level 4　株式投資と預貯金は、どっちがいいのか？

　まず、銀行預金の「利子」のように、株式投資の場合は、(基本的に)「配当金」がもらえるんだよ。
　そして、**銀行預金のお金に対する「金利」**に相当するのは、株式投資の場合は、
株に出したお金（株を買ったお金）に対する「配当金」の割合を示す「配当利回り」というものなんだよ。

「つまり、その "配当利回り" が
　"預金金利" に相当するんだね。
　この配当利回りは、どのくらいもらえるの？」

　２％台が基本で、３％のものも多いし、中には４％以上のものもあるんだよ。
　つまり、まさに**預金金利の100倍の水準になっているんだよ。**

「へ〜、そうなんだ。株式投資の場合は、
　この配当利回りに注目すると
　ずいぶんと見え方が変わってくるね」

　そうだね。

まずは、「間接金融」と「直接金融」の違いを理解することが重要なんだよ。

「つまり、預貯金のような**間接金融の場合は、リスクが小さい分、リターンも小さくなる**んだね。その一方で、
株式投資のような**直接金融の場合は、リスクがある分、大きなリターンも望める**んだね」

Level 5

なぜ「株式投資」は中長期に向いているのか?

Level 5

なぜ「株式投資」は中長期に向いているのか？

「もしも株式投資で、預金のように"元本割れ"を
しないと安心なんだけど、
"下がりにくい株"ってないの？」

まず**"下がりにくい株"**というと、やはり
「株主優待」がある会社の株なんだろうね。

「株主優待」があると個人投資家が"ファン"として
中長期で持つ場合が少なくないから、**「株主優待」が
充実している会社の株は下がりにくい傾向がある**、と
言えるだろうね。

しかも、株価が下がっている状態だと、**中長期で
見れば、株式投資は「元本割れ」をしにくくもなって
いる**んだ。

「え、どういうこと？
株価がすでに下がっているから、この先は
下がりにくい、っていうこと？」

Level 5　なぜ「株式投資」は中長期に向いているのか？

　もちろん、そういう面もあるんだけど、例えば**「株主優待」と「配当金」だけに注目しても中長期では、「元本割れ」のリスクが少なくなっていくんだよ。**

　例えば２０１１年の時に、明らかに安かったから、僕は（１株が）１４００円台で**マツモトキヨシHD（ホールディングス）**の株を１００株買ったんだよ。

　ここでは、わかりやすくするために、（１株）１５００円で１００株を買ったとしようか。

　その場合は**１５万円を投資**することになるわけだね。

マツモトキヨシHDの株価（１株）の推移

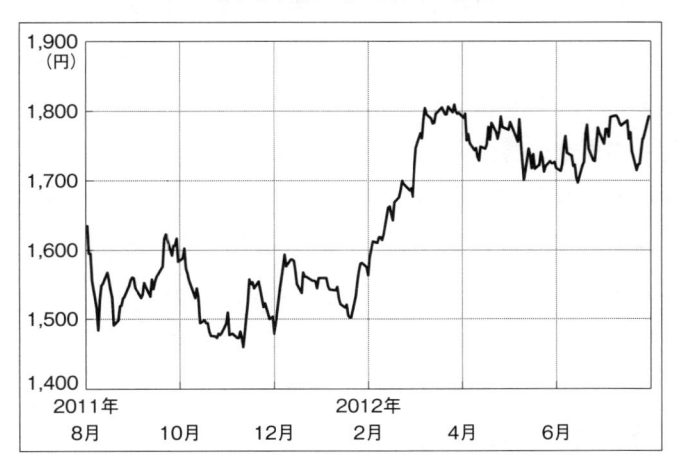

そして、この株を買ったのは「株主優待」がある
ことも大きな要因になっていて、**年に2回、持株数に
応じて商品券をもらえて**、100株だと、**半年ごとに
2000円ぶんがもらえる**んだよ。
　つまり、**毎年4000円ぶんの商品券が届いて**、
さらに、この商品券は期限がないので、使い勝手も
とてもいいんだ。

「へ～、15万円の投資で、毎年4000円ぶん
　の商品券が届くのか」

　しかも、**これとは別に「配当金」もある**わけだね。
　1株あたり毎年40円とすると、100株の場合、
毎年4000円がもらえることになるね。
　つまり、**株価の上げ下げにかかわらず、
「株主優待」と「配当金」を合わせて、
毎年8000円が回収できている**んだ。
　だから、1年後の2012年の段階では、
100株と「8000円」が手元にある状態だから、
もしも**株価が8000円ぶん下がったとしても、
「元本割れ」にはならない**んだ。

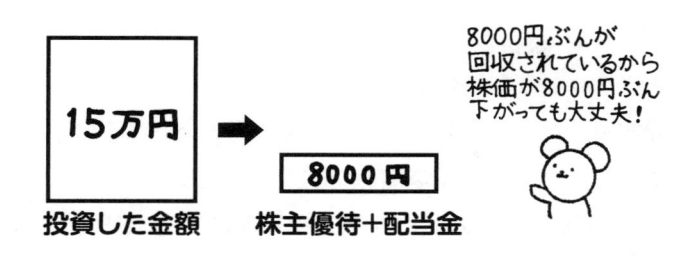

Level 5 なぜ「株式投資」は中長期に向いているのか？

15万円 → **8000円**

投資した金額　　株主優待＋配当金

8000円ぶんが回収されているから株価が8000円ぶん下がっても大丈夫！

さらに、２年後の２０１３年の段階では、１００株と「１万６０００円」（８０００円×２年分）が手元にある状態だから、**株価が１万6000円ぶん下がっても「元本割れ」にはならない**んだよ。

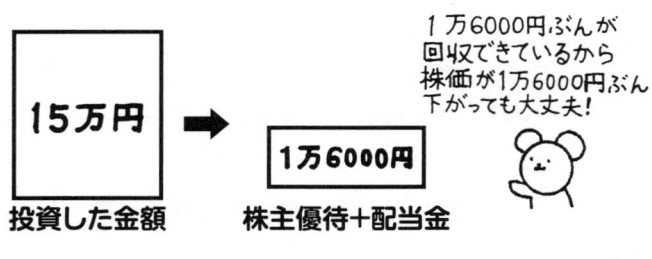

15万円 → **1万6000円**

投資した金額　　株主優待＋配当金

1万6000円ぶんが回収できているから株価が1万6000円ぶん下がっても大丈夫！

「なるほど。つまり、**１年後では"元本割れのライン"が14万2000円まで下がってくれる**ことになるわけか。そして、**２年後だと元本割れのラインは、さらに13万4000円まで下がってくれる**のか！」

そういうことだね。
さらに、**3年後の2014年の段階では、元本割れのラインは、12万6000円**ということになるし、さらに、**4年後の2015年の段階では、元本割れのラインは、11万8000円**ということになるわけだね。

このように、**中長期で考えると、株主優待が充実している会社の株の場合では、基本的に「元本割れのリスク」が少なくなっていく**んだよ。

「へ〜、**株主優待って、元本割れのラインを引き下げる意味でも重要**なんだね」

そうなんだ。**たいていの人は「元本割れ」を、単純に「買った時の価格を下回ること」と考えてしまっている**んだけど、この表面的な考えが、過剰な「悲観論」を生み出すことにもなっているんだよ。

「なるほどね。確かに、"元本割れ"ということをキチンと考えたことは、これまでなかったよ」

Level 5　なぜ「株式投資」は中長期に向いているのか？

　このように、投資というのは、トータルで考えるのが基本なんだよ。
　だから、特に、**株価が十分に低い時点で投資しておけば、「株主優待」や「配当金」により「元本割れのライン」は、通常、毎年、下がっていくことになる**ので、あまり株価の変動には慌(あわ)てなくても済むようになるんだよ。

> 「要は基本的に、株は長く持っていればいるだけ元本割れのラインは下がっていく仕組みになっているのか。
> よく株式投資は中長期で考えるのが望ましいと言われているけれど、こういう背景もあるんだね」

　そうなんだよ。それについては、さらに次のページから、より具体的に解説するね。

Level 6

株式投資は、どのタイミングで始めればいい？

Level 6

株式投資は、どのタイミングで始めればいい?

「株式投資について、だんだんわかってきた
けれど、始めるタイミングはいつがいいもの
なのかな?」

　まず、一般論を言えば、**「株価が安い時」がベスト**
だね。

「でも、いつが"株価が安い時"かは、
わからないんじゃないの?」

　実は、そうでもないんだよ。
例えば、スーパーで"30%割引"とあったら、その
商品が安いことがわかるよね。
　これと同様に、株価でも、どの程度"割安"かを
見極める方法があるんだよ。
　一般に「商品」には「定価」があるように、実は、
株にも「定価」のようなものがあるんだよ。

Level 6　株式投資は、どのタイミングで始めればいい？

「え、そうなの？
　株の定価って、どういうふうに
　見ればわかるの？」

まず、会社には「現金」や「土地」や「建物」などの「財産」があるよね。
その一方で、「借金」もあるよね。
そこで、**「財産」から「借金」を引いたもの**が、純粋にその会社が持っている**「純資産」**になるわけだね。

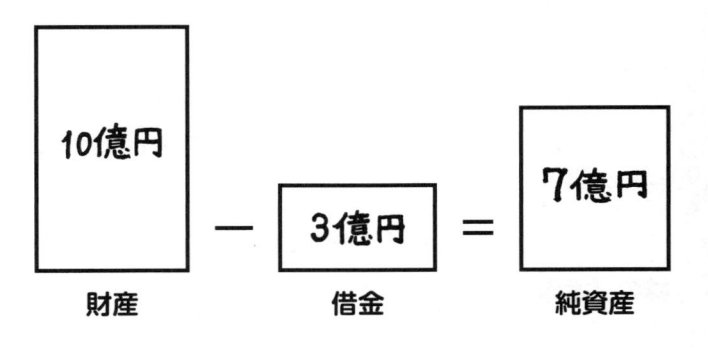

```
[ 10億円 ]  －  [ 3億円 ]  ＝  [ 7億円 ]
  財産          借金          純資産
```

また、そもそも**「株式会社」**というのは、株主からお金を集めて仕事をしているので、
その**会社の「純資産」は、株主のものになる**んだよ。

具体的には、もし会社が事業（仕事）をやめて"解散"することになった場合は、その**会社の「純資産」は、株主で分けることになる**んだ。

「へ〜、株式会社の仕組みがやっとわかったよ。そういう意味で、**会社は株主のものなのか**」

　そういうことなんだ。そして株主は、自分が持っている株式の数に合わせて「純資産」を分けてもらえるんだよ。つまり、**1 株を持っている株主の場合は、1 株あたりの「1 株純資産」をもらえる**んだよ。

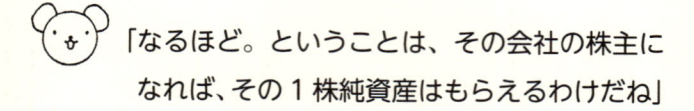

「なるほど。ということは、その会社の株主になれば、その 1 株純資産はもらえるわけだね」

　そう、つまり、この**「1 株純資産」が、その会社の株の「定価」ということになる**んだよ。

「そういうことか。それなら、基本的に
**株価が、その"1 株純資産"よりも安い状態が
"株価が安い時"となる**んだね」

Level 6 株式投資は、どのタイミングで始めればいい？

　そういうことなんだ。そこで"便利な道具"として**「PBR（株価純資産倍率）」というのがあるんだよ。これは「1株純資産」に対する「株価」の"割安度"を見るもので、「株価」と「1株純資産」の関係が、**ひと目でわかるようにしているものなんだ。

　例えば、この**「PBRが1」の場合**は、**「株価」と「1株純資産」（その株の"定価"）が同じ**ということを意味しているんだよ。

1000円	＝	1000円
株価		会社の1株純資産

　そして、この**「PBRが0.9」の場合**は、**「株価」が「1株純資産」（その株の"定価"）の90％の水準**ということを意味しているんだよ。
　つまり、**株価が"定価"より10％安い水準**ということを意味するんだ。

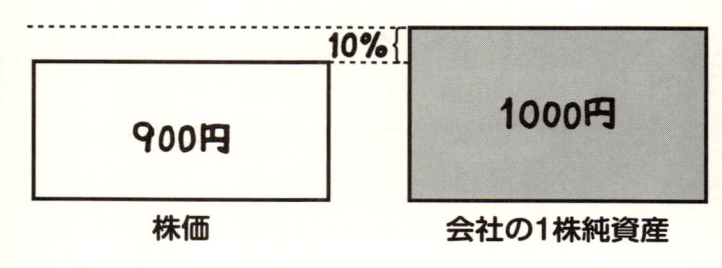

	10%	
900円		1000円
株価		会社の1株純資産

「なるほど。要は、PBR が 0.9 のときは、株価が"1 割引き"ってことだね」

　そういうことだね。同様に、「PBR が 0.8」の場合は「株価」が「1 株純資産」(その株の"定価")の 80% の水準ということを意味しているんだよ。
　つまり、株価が"定価"より 20% 安い水準ということを意味するんだ。

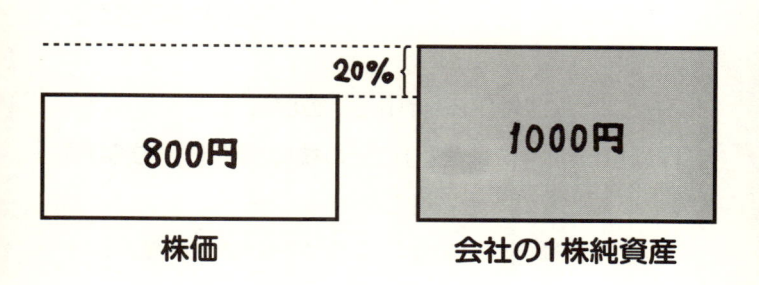

	20%	
800円		1000円
株価		会社の1株純資産

Level 6 株式投資は、どのタイミングで始めればいい？

> 「つまり、**PBR が1よりも低いとき**に、株価が**"割安"になっている**ってことだね！」

そういうことなんだよ。例えば、
『２０１１年の時に、明らかに安かったから、僕は１４００円台でマツモトキヨシHDの株を買った』とP.３９で言っているけれど、この
"明らかに安かった"という背景の一つに、このPBRがあったんだよ。
　その時の**PBRは1よりも低くて 0.6 程度だった**んだ。

> 「つまり、**株価が"4割引き"**になっていたわけだね」

1500円	40%
株価	2500円
	会社の1株純資産

そうなんだよ。しかも、配当金もP.19で言っていたように、どんどん上がっているくらいに業績は好調で、配当利回りも2.7％くらいだったんだ。

「つまり、**株価が"4割引き"になっていて、さらに毎年、金利が2.7％分も入るような状態**なわけか」

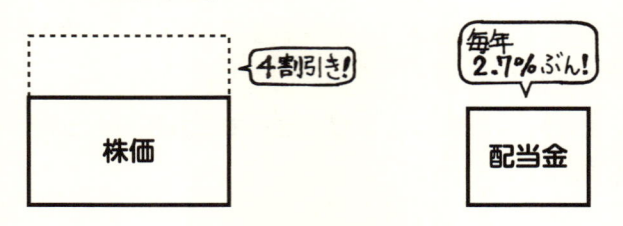

　しかも「**株主優待**」で、毎年「**商品券**」が届く状態なので、中長期的な視点では「このタイミングで投資するのは悪くない」と考えることができたんだよ。

短期的には株価が下がることがあるのかもしれないけれど、長い目で見れば、いい状況だよね

「なるほどね。具体的にイメージがつかめるようになってきたよ。

まずは、**気になる会社を見つけたらその会社のPBRをチェック**して、株価が"割安"になっているのかを確認してみればいいんだね。

そして、**"配当利回り"と"株主優待"がどうなっているのかもチェック**して、中長期的な視点で判断していけばいいわけだね」

そういうことだね。もしも景気の回復局面で株価が全般的に上がっているような状況であったとしても、会社ごとで見ていくと、意外と多く見つけられるものなんだよ。

「へ〜、そうなんだ。何だか"宝探し"みたいで楽しみになってきたよ」

Level 7

株式投資は、プロのような情報が必要不可欠?

Level 7

株式投資は、プロのような情報が必要不可欠？

「よく株式投資は、一般人はプロには勝てないと言われているけど、やっぱりそうなの？」

まず、**「投資」** と **「投機」** という２つの言葉があるんだけれど、この２つの違いはわかるかな？

「そう言われてみると、投機って言葉も聞いたことがあるかも。
でも、その違いなんて知らないな……」

この２つの言葉が、ごちゃ混ぜに使われているから、いろんな「誤解」が生まれているんだよ。
たまに「株はバクチだ」といった表現が使われることがあるけれど、これは「投資」と「投機」を混同しているんだよ。

「つまり、投機というのがバクチのことなの？」

Level 7　株式投資は、プロのような情報が必要不可欠？

　まさにそういうことなんだ。**「投機」**というのは、**"イチかバチか"といった意味合いの強いもの**で、偶然の結果に大きく左右されてしまうものなんだよ。

　例えば、コインを投げた時に、それが"表"か"裏"かというのは、どちらの結果だったとしても、「単なる偶然」だよね。

　株価にしても、その日に上がるのか下がるのかは、単なる偶然が重なった結果に過ぎないんだよ。

　そのため、**もし短期で利益を得ようと考えるのであれば株の売買でも「投機」の面が強くなる**んだよ。

「なるほど。投資と投機は、期間にもよるのか」

　そうなんだよ。基本的に**「投資」**というのは、**中長期で考えるべきもの**なんだ。

　それこそ、短期的には、世界で何が起こるのかは誰にもわからないものだからね。

「確かにそうだね。"中長期"といったように、**期間が長ければ、そもそも日々の情報に振り回されずに済むわけか**」

「そう考えると、"プロのような情報"って、それほど重要じゃない気がするね」

そういうことなんだよ。さらに言うと、そもそも"プロのような情報"というのは、具体的に何なのか、ということまで押さえておきたいところだね。

よく「プロは特別な情報を早めに知って売買できるから、プロは一般人に比べて圧倒的に有利」というようなことが言われているけれど、これは、(超短期売買ならまだしも) 実はそれほど大した話ではないんだよ。

では、現実的に考えることができるように、実例で見ていくことにしようか。

例えば、何といっても**会社の業績を大きく左右するのは「ヒット商品」**だよね。

「ヒット商品というのは、まさに僕たちの生活に身近な現象だから、とても実感しやすいものだね」

そうなんだ。そこで、2012年に大ヒットした商品について見てみようか。

Level 7　株式投資は、プロのような情報が必要不可欠？

　身近な商品でいうと、**「マルちゃん正麺」**はスーパーやコンビニでも売れ切れが出るなど大ヒットしていたよね。

　「あ、それなら知っているよ。テレビや雑誌でも頻繁に出ていたよね！」

　月刊情報誌『日経トレンディ』が２０１２年１１月１日に「２０１２年ヒット商品ベスト３０」を発表したんだけど、この**「マルちゃん正麺」は、総合で４位になっている**んだ。
　ちなみに、１位は２０１２年５月にオープンした「東京スカイツリー」、２位はスマートフォン向けの無料通話・メールアプリ「LINE」、３位は２０１２年に就航が拡大した「国内線LCC（格安航空）」で、どれも、ニュースなどで頻繁に取り上げられて社会現象化しているものだよね。

　「へ〜、そこまでの大ヒットだったのか。
　　それなら、その会社は儲けが増えることになるわけだね！」

そうなんだ。即席ラーメンの「マルちゃん正麺」は、２０１１年１１月に発売したんだよ。
　一般に、「袋めん」は、年間１００億円を売れば「大ヒット商品」とされるんだけど、
「マルちゃん正麺」は、発売から約７か月後の６月の段階で、年間販売目標の「１億食」を達成したんだ。
　その後も話題が話題を呼んで、**発売１年後の１１月には「２億食を突破」と発表された**んだよ。

「へ〜、目標の２倍を達成したなんてスゴイね。株価はどんどん上がっていったんでしょ？」

　まず、この**「マルちゃん正麺」を作っているのは「東洋水産」という会社**で、当然、この**会社の中核となる「即席麺」での大ヒットは、会社の業績に大きく貢献することになる**ので、株価には、大きなプラスの要因となるわけだよね。

　ところが大ヒット商品の「マルちゃん正麺」の登場にもかかわらず、実際の株価は、２０００円付近を行ったり来たりしていただけなんだよ。

東洋水産の株価の推移

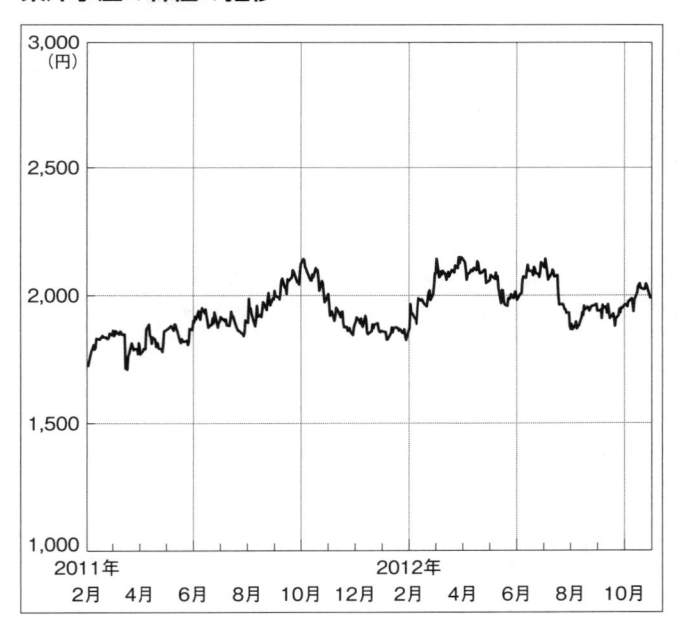

「あ、ホントだ。こんなに大事な情報なのに、ほとんど株価は動いていないんだね」

そうなんだ。そして、実際に株価が上がり始めたのは、発売から1年後の2012年の11月を過ぎてからなんだよね。

東洋水産の株価の推移

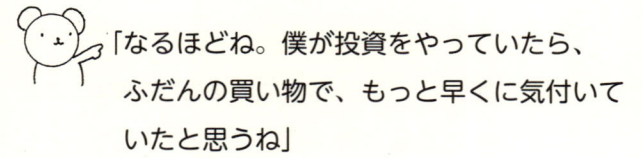

「なるほどね。僕が投資をやっていたら、ふだんの買い物で、もっと早くに気付いていたと思うね」

そうだよね。このように**株式投資**は、基本的に**"生活の延長にあるもの"**で、決して、専門的な情報がないとうまくいかない、というものではないんだよ。

Level 7　株式投資は、プロのような情報が必要不可欠？

「そうか。"海外の投資家"がよく話題になるけれど、日本の消費者のほうが日本に詳しいはずだよね」

　しかも、そもそもこれらの情報は"特別な情報"でさえもなく、例えば２０１２年の２月の段階で会社が発表し、新聞などでも普通に報道されているからね。

東洋水産「マルちゃん正麺」生産増強

　東洋水産は今夏、袋入り即席麺「マルちゃん正麺」の生産能力を現在の2倍の日産60万食に引き上げる。約15億円を投じ、群馬県館林市の工場に生産ラインを増設する。

　同商品は昨年11月の発売以来、販売が好調。設備増強に伴い、年商目標も当初計画比2倍の200億円に上方修正する。（2012年2月25日　日本経済新聞）

「あ、ホントだ。発売から3か月の段階で、すでに予想されてもいたんだね」

そのくらい"わかりやすい大ヒット"だったんだ。そして、このような「大ヒットが出ているにもかかわらず株価がついていっていない例」は、「東洋水産」に限った話ではなく、まだまだ他にもいくつもあるものなんだよ。

　「へ〜、そうなんだ。何となく"プロの情報"というとスゴそうなイメージがあったけど、実は、そんなに大げさに捉(とら)えなくていいんだね。それだけでも、ずいぶん気がラクになったよ」

　そうだね。ただし、まったく経済の知識がなくても大丈夫か、というと、そういうわけでもないので、ここからは「投資に必要な経済の知識」を、まずは『ONE PIECE』を題材にしながら考えていこう。

　「えっ、"ワンピース"って、あの人気マンガのこと？？」

　そう、あの、新刊の「初版発行部数」が４００万部に達して日本記録になっている『ONE PIECE』。

Level 7　株式投資は、プロのような情報が必要不可欠？

　経済は、複雑そうに見えるけれど、実は、**本質的な部分は同じ**で、この**国民的な人気作品から、さまざまな経済の仕組みが見えてくる**んだよ。

「経済ってすこし難しそうだけど、ワンピースに関係する話なら、自然と興味が出てきたよ」

Level 8

『ワンピース』でわかる経済の仕組み
～映画業界の仕組み編1～

Level 8

『ワンピース』でわかる経済の仕組み
〜映画業界の仕組み編1〜

　まず、『ONE PIECE』といえば、２０１２年末に公開された映画『ONE PIECE FILM Z』（ワンピース フィルム ゼット）が大ヒットしたけれど、この大ヒットが、どの会社に利益をもたらしたのか、わかるかな？

「え、それは映画会社なんじゃないの？」

　確かに「映画」だから、映画会社は利益を出すことができたんだろうけど、具体的にどの会社なのかな？

「う〜ん、そこまではわからないかな…」

　実はその答えは**「製作委員会」**という言葉にあるんだよ。
　この「製作委員会」というのは、要は**映画を作る際に「実際にお金を出した会社」**を表しているんだ。

Level 8 『ワンピース』でわかる経済の仕組み　〜映画業界の仕組み編1〜

「つまり、"ワンピースの映画に投資した会社"ってことだね」

そういうことだね。そのため、**株式投資と同じように、映画がヒットすれば、そのぶんの利益が得られる**んだよ。

「なるほどね。その製作委員会って、具体的にどの会社なのかは、どうすればわかるの？」

これは、例えば映画の最後を見ればわかるんだよ。
エンドロールの時に、「製作委員会」として会社の名前が出るんだけど『ONE PIECE FILM Z』の場合は**フジテレビ、東映アニメーション、東映、集英社、バンダイ**となっているね。この順番から、**1番多くお金を出しているのがフジテレビで、2番目にお金を出しているのが東映アニメーションで、3番目にお金を出しているのが東映**、ということなどがわかるんだ。

「へ〜、名前が出てくる順番を見れば、"投資額の順位"までわかるのか」

そうなんだ。この「製作委員会」という仕組みは、まず**「それぞれの会社の強みを生かす」**ということがあるんだよ。

　例えば、一般に**テレビ局の場合**は、映画がヒットすると、その映画を自分の局で放送できるようになるメリットがあるんだ。そのため、テレビ局が映画に出資する（お金を出す）ことが多いんだよ。

　ちなみに『ワンピース』の場合は、通常のアニメを放送している関係で、フジテレビになっているんだ。

　そして**出版社の場合**は、その映画の原作を出版していると、映画がヒットすると、原作の注目度も上がって単行本の売上げも上がることになるんだよ。そのため自社の雑誌や、書店などを使って、その映画のPRをするんだ。

　ちなみに『ワンピース』の原作は「少年ジャンプ」で連載されている関係で、集英社になっているんだ。

　さらに**玩具メーカーの場合**は、その映画に関係した商品などを作っているため、映画のヒットによって、それらの商品の売上げを上げることにもなるんだよ。そのため、商品の宣伝と一緒に映画の宣伝も積極的にするようになるんだ。

Level 8 『ワンピース』でわかる経済の仕組み　〜映画業界の仕組み編1〜

　ちなみに『ワンピース』では、通常のキャラクター商品を作っている関係で、バンダイになっているんだよ。

「なるほど。テレビ、出版、おもちゃ売り場などでそれぞれが得意とする宣伝展開ができていくわけだね。そうなると、確かに映画も、ヒットしやすくなっていきそうだね」

　そういうことなんだ。そして、東映アニメーションは『ワンピース』というアニメーション映画を、実際に作っている**制作会社**なんだけれど、**もし映画に出資していないと、単に「制作費」がもらえるだけで、映画がヒットしても利益は受けられない**んだよ。
　そこで、作るだけでなく、実際に映画に出資することで、映画がヒットしたら自分たちにも利益が入るようにするんだ。

「へ〜、自分で投資まですれば、作り手としては"よりヒットする映画を頑張って作ろう"という良い流れにもなるよね」

そういう面もあるね。出資に参加することで作品の完成度が、自分たちの利益にも大きく影響が出るようになるわけだからね。

🐭「映画はこういう仕組みで利益が出るわけか」

　ただ、映画がヒットせずにコケてしまう場合もあるよね。実は、そのためにも「製作委員会」の仕組みが効果的なんだよ。
　例えば1社だけで映画を作る場合だと、映画が成功すれば利益が大きくなるけれど、もし失敗してしまったら損失も大きくなってしまうよね。
　そこで、「製作委員会」のように、**複数の会社で、投資を分散させることで、「リスクを減らす」という意味合いもある**んだよ。
　このように、投資の基本に**「リスク分散」**というのがあるんだけれど、まさにこの「製作委員会」というのは、その"投資の原則"そのものなんだよね。

🐭「なるほどね。でも、個人が株式投資をする際には、どういうふうに応用させたらいいの？」

Level 8 『ワンピース』でわかる経済の仕組み　〜映画業界の仕組み編1〜

　要は**1つの投資先だけに投資を集中させてしまうと、その会社に万が一のことがあるとリスクが高くなってしまう**んだ。

　そこで「リスク分散」をするために、**複数の会社に投資する「分散投資」が重要になってくる**んだよ。

「そういうことか。もし10個の卵を1人に運んでもらうと、その人がコケてしまったら致命的になるけど、10個の卵を10人に運んでもらえば、1人がコケても、残りの9個は安全、という話だよね」

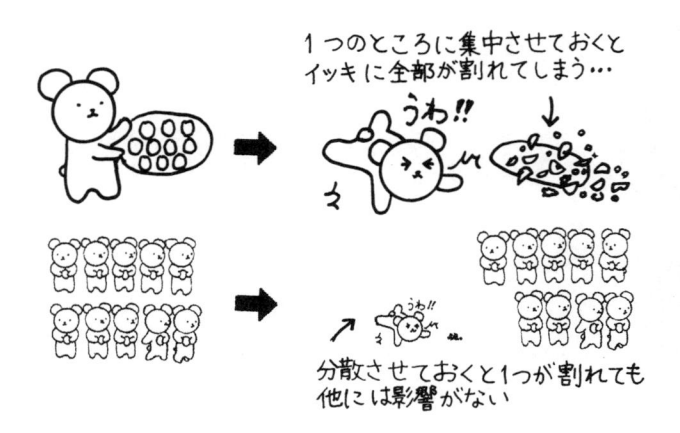

1つのところに集中させておくとイッキに全部が割れてしまう…

分散させておくと1つが割れても他には影響がない

まさに、そういうことだね。

73

「へ〜、本当に経済の仕組みって、本質的な面では、どれもつながっているものなんだね」

コラム Coffee Break
『ONE PIECE FILM Z』の大ヒットの背景

　「これがワンピースか」と思い知らされたのが、２００９年１２月。

　映画１０作目を記念して公開された『ONE PIECE FILM STRONG WORLD』は、原作者が初の製作総指揮を務めるとのことで、当初から話題になっていました。

　そして、実際に公開されると**全国の映画館で満席が続出し、それまでの「最終興行収入」の目安だった１０億円を、たったの２日で突破してしまった**のです！

　これは、原作者がストーリーからキャラクターデザインまでほぼ全てを担当したことで映画としての完成度が上がったのと同時に、**『ONE PIECE』コミックス「零巻」を入場者にプレゼントする、という仕掛けが原作ファンを惹きつけた**結果でした。

　そして、それからは、さらに「ワンピース現象」が大きくなっていき、ファン層は拡大し続けています。

そして、3年という準備期間を経て、再び原作者が製作総指揮を務めた『ONE PIECE FILM Z』で、新しい記録などが生まれるのか注目されていたのです。

　まず今回は、**入場者に、先着順に「海賊の宝袋」がもらえ、**中には**原作者が描き下ろした『FILM Z』設定画集のコミックス「第千巻」**が入っていました。

　そして、その「千巻」には、**「当りが出ると、豪華景品が全員にもらえる」**という、スクラッチ・カードが付いていたのです。

　さらに他にも、**カードゲームの「ワンピートレジャーワールド」限定カード**などがもらえるようになっていました。

　そしてこの**「海賊の宝袋」は限定200万個**だったのですが、**公開初日と翌日の2日間だけで114万個が無くなってしまう、驚異的な勢い**となったのです！

　さて、この大ヒットをけん引した「海賊の宝袋」ですが、メインの「千巻」の制作は集英社が担当して、スクラッチ・カードで当りが出るともらえる商品についてはバンダイが担当するなど、実はここでも「製作委員会」の仕組みがうまく活かされていたのです。

Level 9

『ワンピース』でわかる経済の仕組み
～映画業界の仕組み編2～

Level 9

『ワンピース』でわかる経済の仕組み
～映画業界の仕組み編 2～

「ワンピースの映画の製作委員会は、テレビ局、出版社、おもちゃメーカー、アニメの制作会社、と出てきたけれど、残りの"東映"が、映画会社なんだよね？」

そうだね。『ONE PIECE FILM Z』における「製作委員会」で名前が出ているのは、順番に**フジテレビ、東映アニメーション、東映、集英社、バンダイ**の5社となっていて、**Level 8**の説明のうち残った「東映」については、まさに「映画会社」だね。もう少し厳密に言うと、この東映が**「配給会社」**なんだよ。

「え、"配給会社"って何？」

一般に**「映画会社」**は大きく分けると**「配給会社」**と**「映画館」**の2つがあるんだよ。

Level 9 『ワンピース』でわかる経済の仕組み ～映画業界の仕組み編 2～

　では、ここで、これらの違いを理解するためにも、**「映画業界のお金の流れ」**について確認していこうか。

　まず、「映画」という"商品"を製作するのは、「製作委員会」だね。

　ただ、その商品をお客さんに届けないと、ビジネスは成立しないよね。

　そこで「出来上がった映画」(商品)を全国の映画館で上映してもらうために、その映画を映画館に配給する会社が必要になるんだよ。

「なるほどね。要は、**全国の映画館に映画を配って回るのが、配給会社**なんだね」

　そういうことなんだ。

　映画の入場料金は、基本は大人の場合１８００円になっているよね。

　まずは、それらの**「映画の入場料金の合計」**のことを**「興行収入」**というんだよ。

　そして、この**「興行収入」**については、基本的には、**「映画館」と「配給会社」で半分ずつ分ける**ことになっているんだ。

```
┌─────────┐      ┌────┐┌────┐
│ 興行収入 │  ➡  │ 5割 ││ 5割 │
└─────────┘      └────┘└────┘
                  映画館  配給会社
```

> 「ということは、興行収入の
> 半分が配給会社のお金になるの？」

　いや、配給会社が受け取るお金は、すべて配給会社のものになるわけではないんだよ。

　あくまで**「配給会社」は、「観客」と「映画館」を結びつける"中間業者"という役割**なんだ。

　具体的には、配給会社が映画の宣伝も担当するんだけれど、**配給会社は「配給手数料」として、興行収入の１割を受け取る**ような仕組みになっているんだよ。

　つまり**興行収入の４割が、映画を作った製作委員会に入るようになっている**んだ。

> 「へ〜つまり、興行収入の４割が、映画を作った
> 製作費より多ければ、黒字になるわけか」

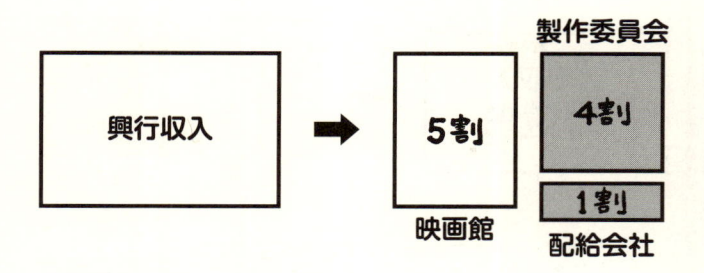

Level 9 『ワンピース』でわかる経済の仕組み　〜映画業界の仕組み編2〜

```
                              製作委員会
┌─────────┐     ┌─────┐ ┌─────┐
│         │     │     │ │     │
│ 興行収入 │  ➡  │ 5割 │ │ 4割 │
│         │     │     │ │     │
└─────────┘     └─────┘ ├─────┤
                          │ 1割 │
                 映画館   └─────┘
                          配給会社
```

　基本的には、そういうことなんだよ。
例えば、製作費が１０億円の映画が、興行収入６０億円の大ヒットを記録したとしようか。

　その場合、まずは、映画館と配給会社で興行収入の６０億円が、半分ずつに分けられるんだ。

🐭「つまり、映画館に30億円が入り、配給会社にも30億円が入るわけだね」

　そして、配給会社が「配給手数料」として３０億円のうち６億円（興行収入の１割）を手にするんだよ。

🐭「ということは、製作委員会に入ってくるのは残りの24億円ということか。製作費が10億円なら、14億円の黒字ということになるね！」

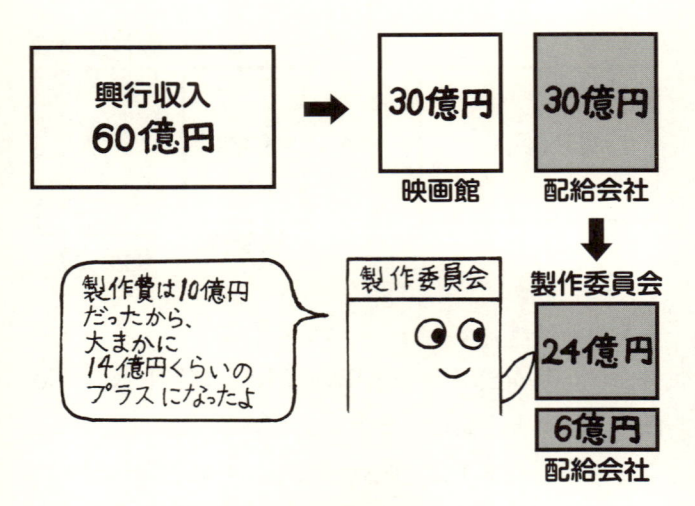

```
興行収入            30億円    30億円
60億円                       配給会社
                   映画館
                              ↓
                          製作委員会
     製作費は10億円
     だったから、    製作委員会
     大まかに
     14億円くらいの              24億円
     プラスになったよ
                              6億円
                             配給会社
```

ちなみに『ONE PIECE FILM Z』については、**配給会社の東映は、製作委員会にも入っている**ので、「配給手数料」に加えて、**製作委員会の利益ももらえるようになっている**んだよ。

「なるほどね。それで、配給会社は"配給する"だけでなく、自分たちの宣伝がそのまま利益につながるように、製作委員会にも入るわけだね」

そういうことなんだよ。

Level 9 『ワンピース』でわかる経済の仕組み　〜映画業界の仕組み編2〜

「へ〜映画業界というのは、このような仕組みで動いているのか。だんだん経済の仕組みが見えてきたよ」

まさに、そこが重要なポイントなんだ。

実は、今回の**映画業界の仕組みは"特殊な業界"の話ではなく、ほとんどの業種にも当てはまるビジネスモデル**なんだよ。

例えば、僕らが日常で普通に買っている商品でも、「お店」と「お客さん」という、2つの関係だけから成り立っているわけではないよね。

「つまり、マツモトキヨシと僕らだけではない、ということだね」

そう。まず「商品を作っている会社」があるよね。

「つまり、"マルちゃん正麺"の東洋水産などの生産会社のことだよね」

そうだね。

83

そして、それらの商品を「お店」に届ける際には、**商社などの「卸売業者」**という会社があるんだよ。

　この「卸売業者」という"中間業者"は、いわば**「お客さん」と「お店」を結びつける"専門業者"**で、「今はこの商品が流行なので、このように置くといい」というように、お店が必要な情報と共に、商品を用意してくれるんだよ。

「へ〜、それって、まさに"観客"と"映画館"を結びつける配給会社と同じだね」

　そうなんだよ。つまり、**映画業界の「卸売業者」が「配給会社」**ということなんだ。

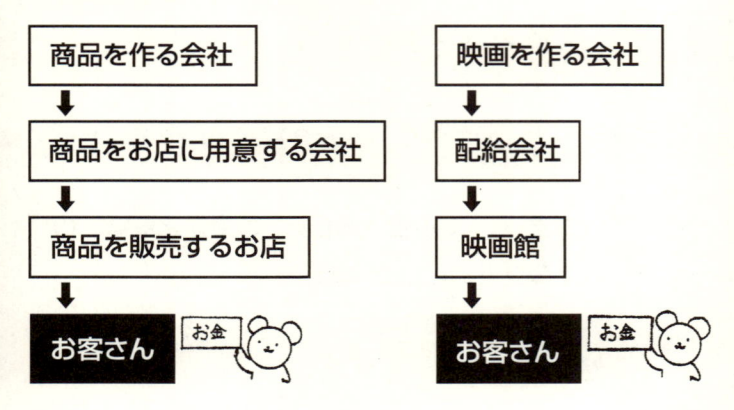

商品を作る会社	映画を作る会社
↓	↓
商品をお店に用意する会社	配給会社
↓	↓
商品を販売するお店	映画館
↓	↓
お客さん	**お客さん**

Level 9 『ワンピース』でわかる経済の仕組み　〜映画業界の仕組み編 2 〜

　このような仕組みは、日常に溢れていて、例えば、**「ケンタッキー・フライド・チキン」**の場合では、鶏肉などの買付けをする**"中間業者"は、基本は総合商社の「三菱商事」が行なっている**んだよ。

　これは**「日本ケンタッキー・フライド・チキン」**という会社が、**「三菱商事」の子会社**ということも関係しているんだ。

　ちなみに、**コンビニの「ローソン」も「三菱商事」の傘下にあって、ローソンの"中間業者"も基本的には「三菱商事」が担っている**んだよ。

　さらに、**「三菱商事」は「スタジオジブリ作品」の製作委員会に 2001 年の『千と千尋の神隠し』から入っている**ため、スタジオジブリの映画の際には、「ローソン」でプロモーションが行なわれることになるんだよ。そのため **2013 年夏に公開され大ヒットが予想される宮崎駿監督の『風立ちぬ』では、ローソンでの展開も重要なカギを握る**ことになるんだよ。

「なるほどね。こういうふうに、映画で経済のいろんな仕組みがわかるって面白いね！」

コラム　*Coffee Break*

あの映画の「採算ライン」は？　興行収入 編1

　映画の「興行収入の内訳」については、P.79で
「興行収入＝映画館50％＋配給会社50％」
が基本と解説しましたが、実は、実際のところは、
もう少し複雑なので、このコラムで補足(ほそく)解説します。

　まず、映画は基本的に**映画館で4～5週間の上映が
1つの単位**となっていて、これを「ファーストラン」
と言います。
　そして、もし映画が好調なら、ファーストラン以降
も上映され、それを「ロングラン」と言います。

　さて、まず**「ファーストラン」の時**は、宣伝の効果
が出やすくて、観客が多く見込めるので、
「興行収入＝映画館40％＋配給会社60％」
というように、配給会社の取り分が多くなるように
なっているのです。

Coffee Break　あの映画の「採算ライン」は？　興行収入 編1

　ただ、ファーストランの期間においても、深夜営業の「レイトショー」に関しては、劇場側の深夜コストなども考えて、公開初日から
「興行収入＝映画館50％＋配給会社50％」
と計算されるのです。
　そして「ファーストラン」以降は、通常の時間帯も
「興行収入＝映画館50％＋配給会社50％」というように計算されていくのです。

　ここまでは、「原則編」で、ここからは「応用編」に移ります。

　まず現実の映画ビジネスでは、このように「原則」通りに動かない場合が当然のことながら出てきます。
　それは、その映画の観客が「ファーストラン」でも入らない場合です。
　つまり、わかりやすく言えば、その映画がコケてしまった時ですが、この場合は、劇場側はそのまま上映し続けると、損失が大きくなってしまうので、映画館と配給会社との立場が、一気に逆転してしまうことになるのです。

その場合は、**配給会社はその作品を上映してもらう**ために、「ファーストラン」の時点から
「興行収入＝映画館 60％＋配給会社 40％」
というような計算になって、映画館の取り分が増えるようになるわけです。
　ここの「配分」が変わる詳しい仕組みについては、次のコラムで解説します。

Level 10

『ワンピース』でわかる経済の仕組み
~投資のタイミング編 1~

Level 10

『ワンピース』でわかる経済の仕組み
　　　　　　〜投資のタイミング編 1〜

「やっと経済の仕組みがわかってきたんだけど具体的にどう投資に応用できるものなの？」

　これについても、まさに「映画」がわかりやすい例としてあるんだよ。

　まず、基本的に会社の業績を大きく動かすのは、「ヒット商品」だよね。

　実は**「映画」**というのは、**世界で一番わかりやすい商品で、これほど、誰もが「ヒット商品」かどうかの判別が、短期間で簡単にできる商品はない**んだよ。

　なぜなら基本的に「公開した最初の週末の結果」で、ヒットかどうかがわかってしまうからね。

「へ〜そうなんだ。でも、どうしてそんなに早く"ヒット商品かどうか"の結果がわかってしまうものなの？」

Level 10 『ワンピース』でわかる経済の仕組み ～投資のタイミング編 1 ～

　ポイントは 2 つあるんだ。
　まず「**映画**」については、**毎週の月曜日の段階で、「週末の興行収入ランキング」が発表され、インターネットなどでわかるようになっている**んだよ。
　そして、「**映画**」というのは、基本的に**最初の週末が"ピーク"で、その週末以降は、観客は減っていくような仕組みになっている**んだよ。

「確かに映画は、公開前は宣伝とかがピークになって、見たいと思うよね。だけど、公開から日にちが経っていくと情報を見かけなくなり、その気持ちも少しずつ減っていくね」

　そう、つまり、「映画の公開日」は、基本的に週末だけれど、まさに**その"商品の結果"が、公開されてからの 3 日後には大まかに判明してしまう**んだよ。

「なるほどね。確かに、これだけ早く商品の結果がわかってしまう例は、他にはないのかもね。映画の興行収入ランキングって、そういう風に見ていけばいいわけか」

91

そして、このような"日常的なランキング"からもわかるのは"プロのような情報が必要不可欠"という話は、いかに実体に乏(とぼ)しいのか、ということなんだ。

これは、まさに『ワンピース』でわかるんだよ。

「へ〜そうなんだ。"ワンピース"と"株価"ってどんな関係になっているの?」

まず、『ONE PIECE FILM Z』が公開された3日後の月曜日に次のような情報が出ることになったんだ。

> **ONE PIECE、2日で114万人**
>
> 15日に封切られたアニメ映画「ONE PIECE FILM Z」(長峯達也監督)が、公開2日間で観客動員約114万人、興行収入約13億7000万円を記録したことが17日、分かった。00年以降の公開2日間の記録としては04年「ハウルの動く城」(宮崎駿監督)の約110万人が最高記録だったが、これを抜いた。　　　　　　　　　　　(日刊スポーツ)

Level 10 『ワンピース』でわかる経済の仕組み　〜投資のタイミング編1〜

「へ〜、今世紀最高のスタートだったんだ！
それなら、東映などの映画会社の業績には
大きなプラスとなるから、東映などの株価
は、大きく上がることになりそうだね」

普通は、そのはずなんだよね。
ところが、現実には、公開前日の12月14日（金）の東映の株価は**453円**だったんだけれど、17日（月）は**457円**と、ほんの少しだけ上がったけれど、18日には**451円**となり、公開前より下がっているんだ。

「えっ、どうしてそんなことになるの？？
あ、わかった！　"ワンピースの大ヒット"は
当然、予想されていて、株価はすでに高く
なっていたからなんじゃないの？」

いや、残念ながら、それは違うんだよ。
なぜなら、**東映のPBR（株価純資産倍率）は0.6にもなっていないような水準**だったから、この時点の**東映の株価は"4割引き"という"格安"の状態**だったんだよ。

「えっ、そうなんだ…。これって、どういうこと を意味しているのかな？」

　要は **Level 7** の「マルちゃん正麺」の時のように、「大ヒットが出ているにもかかわらず株価がついていっていない」という典型的な具体例なんだよ。

「へ〜 "投資のプロ" は、当然、このような現象を 織りこんでいると思い込んでいたけれど、 実際には、そうでもないものなんだね」

　そういうことなんだよ。
　例えば僕は、東映の株価が明らかに安すぎたから、 ２０１０年後半の段階で、３００円台で買ったんだ。 当時 PBR は０.５台で "半額状態" だったからね。
　しかも、経営自体も、例えばこの４年で見ても、
２００９年（３月決算期）は、**純利益 11 億円、**
２０１０年（３月決算期）は、**純利益 24 億円、**
２０１１年（３月決算期）は、**純利益 51 億円、**
２０１２年（３月決算期）は、**純利益 58 億円、**
というように、業績は堅調なんだよ。

Level 10 『ワンピース』でわかる経済の仕組み ～投資のタイミング編１～

「**会社の純利益が毎年、増え続けているのか。**
ということは、**会社の"１株純資産"も
増え続けている**わけだね！」

　まさに、そういうことで、東映の"１株純資産"は
次のように増え続けていて、２０１２年の９月末時点
では７５２円にもなっているんだよ。

東映の「１株純資産」（その株の"定価"のようなもの）**の推移**

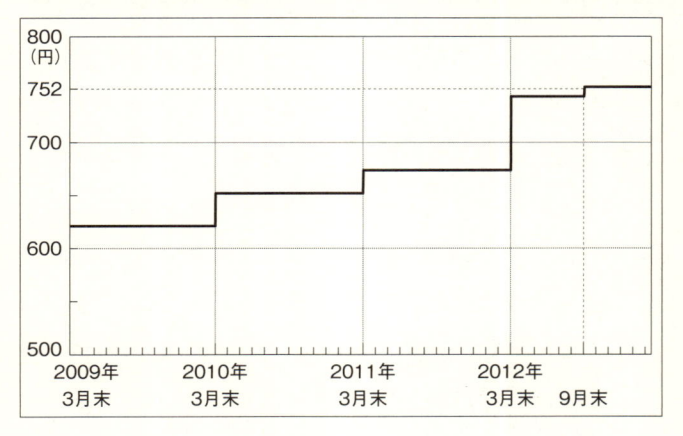

年月	１株純資産（円）
2009年3月末	約640
2010年3月末	約655
2011年3月末	約665
2012年3月末	約665
2012年9月末	752

「へ～、ということは、**東映の株価の"定価"は
７５２円**ということだね。しかも、**ワンピースの
映画が大ヒットしたから、さらに増えるね**」

そうなんだよ。そして、次のような記事がどんどん出てくるんだけど、実際の株価はどうなったと思う？

映画『ONE PIECE FILM Z』20日で400万人動員 前作超え確実に

　人気コミック原作の映画『ONE PIECE FILM Z』（長峯達也監督）が昨年12月15日の封切りから20日で観客動員が400万人を超え、前作『〜STRONG WORLD』（2009年）の最終動員数約385万人を上回ったことが3日、わかった。配給の東映によると、公開19日目の1月2日時点で動員393万1200人、興行収入47億1300万円となり、興行収入においても前作の48億円を超えることが確実視されている。

　コミックス「第千巻」などが入った入場者特典"海賊の宝袋"は用意された200万セットが終了し、「第千巻」のみ200万部が増刷される人気ぶりで、前作『STRONG WORLD』との19日間の比較でも145.6％と好調をキープ。昨年度邦画No.1の興行収入約73億円を記録した『BRAVE HEARTS 海猿』に迫る勢いとなっている。

（オリコン　2013年1月4日）

Level 10 『ワンピース』でわかる経済の仕組み　〜投資のタイミング編1〜

「え、たったの20日で前作を上回ったのか！
さすがに、ここまでの大ヒットの数字だと、
株価は大きく上がっているんでしょ？」

それでは、ここで東映の株価の推移を見てみようか。
この情報が出た**1月4日の株価は、452円**となっていて、**公開前日の12月14日（金）の株価453円**を少し下回っているね。

東映の「株価」の推移

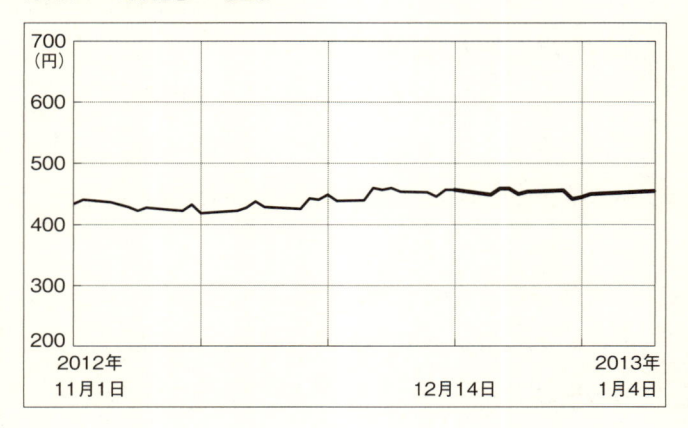

「あっ、ホントだ……。ワンピースの公開前から
ほとんど動いていないね」

そうなんだよ。ここまで"わかりやすい情報"が出ていても、ほとんどの人が動けていないんだよ。

つまり、投資のチャンスなんて、実は、このようにいくらでもあるものなんだよ。

ちなみに、以下のような、さらにわかりやすい記事が出たあたりから、ようやく株価が動くようになってきたね。

ONE PIECE　興収52億円突破！
東映の記録塗り替える

昨年12月15日に公開されたアニメ映画「ONE PIECE FILM Z」が興行収入52億円を突破し、配給・東映の2000年以降最高となる興行収入を記録したことが6日、わかった。

同作は5日時点で興行収入52億8655万5200円を記録。これまで「男たちの大和　YAMATO」（05年）が持っていた51億1000万円の記録を塗り替えた。(デイリースポーツ　2013年1月6日)

Level 10 『ワンピース』でわかる経済の仕組み　〜投資のタイミング編1〜

東映の「株価」の推移

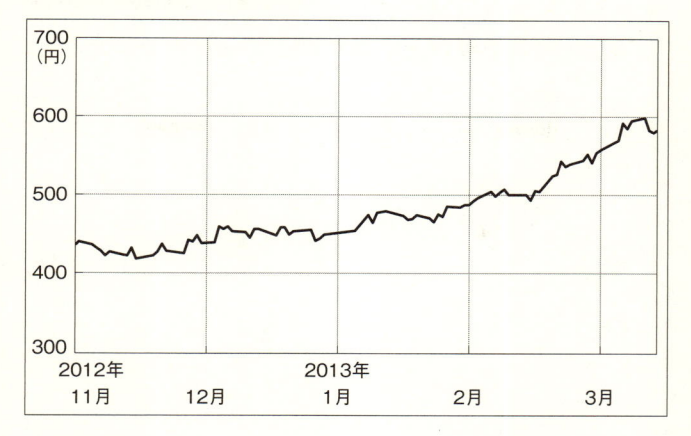

「へ〜、この段階で、ようやく株価が動くものなのか。毎日の情報から少し先を読み解けばいいだけなら、投資って意外と簡単そうだね」

　そうなんだよ。例えば、「マルちゃん正麺」の人気にしても『ワンピース』の人気や社会現象にしても、僕ら個人のほうが、よっぽど日常のなかで知っているからね。
　この『ワンピース』の動きをひとつ取ってみても、個人が無理なく上手に利益を得られるチャンスなんていくらでもあることがわかるんだよ。

「なるほどね。これまでは"プロの情報"というのを必要以上に重く考えていたみたいだね」

コラム　*Coffee Break*

あの映画の「採算ライン」は？　　興行収入 編2

　映画の「興行収入の内訳」については、まず
「ファーストラン」の時は、宣伝の効果が出やすくて、
観客が多く見込めるので、基本は、
「興行収入＝映画館 40％＋配給会社 60％」
というように、配給会社の取り分が多くなるように
なっているのです。

　ただ、その**映画がコケてしまった場合は、劇場側は
そのまま上映し続けると、損失が大きくなってしまう
ので、映画館と配給会社との立場が、一気に逆転して
しまう**ことになるのです。
　その場合は、**配給会社はその作品を上映してもらう
ために、「ファーストラン」の時点から
「興行収入＝映画館 60％＋配給会社 40％」**
というような計算になって、映画館の取り分が増える
ようになるわけです。

では、この「映画館と配給会社の配分」は、具体的にどのような基準があるのでしょうか。

　まず、(これは劇場の規模にもよるのですが)基本的には、**最初の土日の1スクリーンあたりの興行収入が50万円を上回る結果になると、**その映画館では、通常の
「興行収入＝映画館40％＋配給会社60％」
という計算になるわけです。

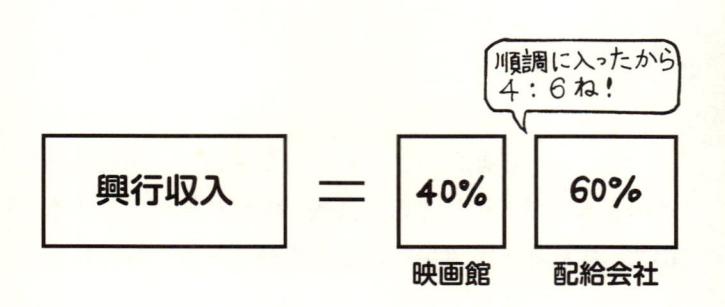

（吹き出し：順調に入ったから 4：6 ね！）

興行収入 ＝ 40％（映画館） 60％（配給会社）

　ただし、**最初の土日の1スクリーンあたりの興行収入が30万円〜50万円という結果になると、**その映画館では、
「興行収入＝映画館50％＋配給会社50％」
という計算になるわけです。

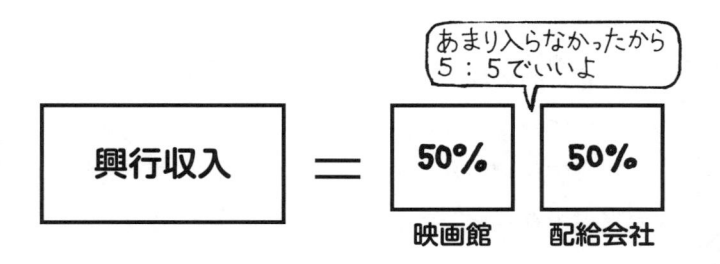

Coffee Break あの映画の「採算ライン」は? 興行収入 編2

> あまり入らなかったから
> 5:5でいいよ

興行収入 ＝ 50%（映画館） 50%（配給会社）

　さらに、**最初の土日の1スクリーンあたりの興行収入が30万円を下回る結果になると、**その映画館では、
「興行収入＝映画館60％＋配給会社40％」
という計算になるわけです。

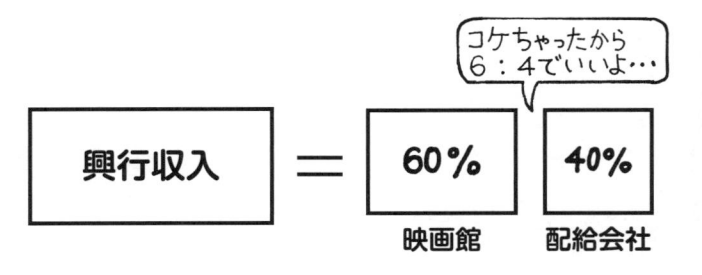

> コケちゃったから
> 6:4でいいよ…

興行収入 ＝ 60%（映画館） 40%（配給会社）

　以上のように、要は**作品ごとの入り具合によって、最終的な配分は変わってくるものなので、平均的に「興行収入＝映画館50％＋配給会社50％」**になる、という基本を押さえておけばいいのです。

なお、興行収入のもとになる映画の入場料ですが、大人は基本的には、１８００円ですが、実際には、中学生までは１０００円だったり、大学生までは１５００円だったり、毎月１日は「映画の日」で入場料が１０００円になっていたり、さらには、レディースデイでは女性が１０００円で見ることができたり、前売り券があったりするので、一般的には**実際の「映画の平均単価」というのは１人1300円程度が相場となっている**のです。

　そのため、**「観客数×1300円」くらいが、実際の興行収入となる**わけです。

Level 11

『ワンピース』で
わかる
経済の仕組み
～投資のタイミング編 2 ～

Level 11

『ワンピース』でわかる経済の仕組み
〜投資のタイミング編2〜

「だいぶ経済の仕組みが見えてきたけれど、このところは株価が上がってきているから、これからだと遅いのかな？」

いや、個別に見ていけば、まだまだ"割安"になっている会社は少なくないんだよ。

例えば、**会社の経営は「黒字」が続いていて、堅調なのに、なぜかPBR（株価純資産倍率）は1を下回っているケースが少なくない**んだ。

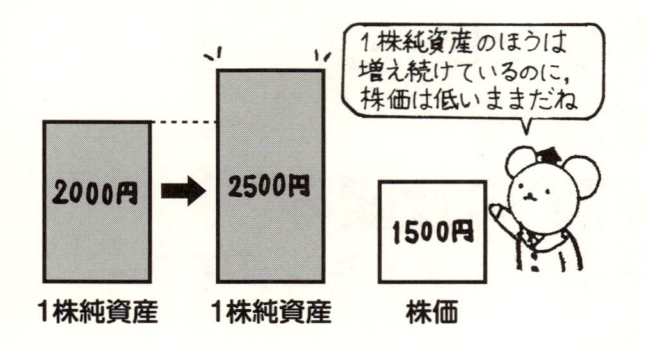

1株純資産のほうは増え続けているのに、株価は低いままだね

2000円 → 2500円   1500円

1株純資産　1株純資産　　株価

Level 11 『ワンピース』でわかる経済の仕組み　～投資のタイミング編2～

　しかも、そもそも東映の株価も上がってはきているけれど、それでも、例えば2013年4月時点でもまだPBRが0.8程度で、"2割引き"といった水準なんだよね。

東映の「1株純資産」と「株価」の推移

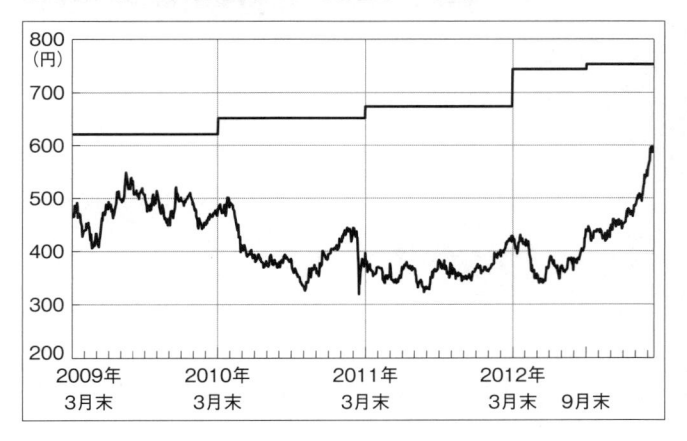

「そうか、この時点で気付いたとしても、
遅すぎるというわけではないんだね」

　そうだね。しかも2013年3月末時点では、さらに「1株純資産」は800円程度までの増加が見込まれていて、また"割安度"が上がることにもなるんだよ。

ちなみに、この東映の件に関しては、
『ワンピース』以外でも、例えば、次のような
ニュースからも気付くことができたりもするんだよ。

> **テレ朝、初のプライム首位　2012年の年間視聴率**
> 　テレビ朝日は2日、2012年のプライム帯（午後7〜11時）の年間平均視聴率（ビデオリサーチ調べ、関東地区）が12.5％で、NHKを含む在京キー局で首位だったと発表した。1959年の開局以来初めてという。**（産経新聞電子版　2013年1月2日）**

「えっ？　どうしてテレビ朝日の視聴率の話と
　東映の株価が関係あるの？？」

　これは、ちょっと考えてみればわかる話なんだよ。
では、今から「応用編」として考えてみようか。
　まず、「株式会社」というのは、株主からお金を
出してもらっているから、主要な株主との関係性は
仕事にも大きな影響を与え得るものなんだ。

Level 11 『ワンピース』でわかる経済の仕組み　～投資のタイミング編２～

　そこで、**その会社では「どのような会社が、主要な株主になっているのか」を調べてみることも大切**なんだよ。

　まず東映のホームページで見てみると（自社を除く）**「筆頭株主」**（一番株を多く持っている会社）が、**「テレビ朝日」**だということがわかるんだよ。

　そして、テレビ朝日のホームページの「ＩＲ情報」の「株主メモ・株式の状況」という欄を見てみると、次のように朝日新聞社に続いて、**東映が２位の大株主**となっていることがわかるんだ。

大株主		
株主名	持株数（株）	持株比率（％）
朝日新聞社	２４８，６４９	２４．７２
東映	１６１，８４２	１６．０９

（２０１２年９月３０日時点）

「へ～、つまり、**東映とテレビ朝日は、"株式の持ち合い"をしている**んだね」

まさに、そういうことなんだよ。
ここから、東映についての「いろんな顔」が見えてくるんだ。

まず、東映といえば「映画会社」というイメージがほとんどだけど、実は、**「日本最大級のテレビ番組の制作会社」**という顔も持っているんだよ。

例えばテレビ朝日の視聴率をけん引した大きな背景に「大人向けのテレビドラマ」の好調があるんだ。
これは、まさに『相棒』シリーズの貢献(こうけん)が大きいんだけれど、これをつくっているのは「東映」なんだ。
さらに、他の連続ドラマや「土曜ワイド劇場」などのワイド・スペシャル版ドラマをつくったりもしているんだよ。

そして、「大人向けのドラマ」ばかりではなくて、**仮面ライダーや戦隊ヒーロー物で男の子向けの作品や「プリキュア」シリーズなど女の子向けの作品**も手掛け、それを主にテレビ朝日で放送し、**それらの映画も毎年つくっていて、堅調な結果を出し続けている**んだ。

「なるほどね。"主要な株主との関係"を知っていれば、さらにその会社の仕事が見えてくることにもなるわけだね。
そして、テレビの放送が好調ということから、それらの映画も好調が期待できる、という話までわかってくるわけか」

そういうことなんだよ。
ちなみに**「連続ドラマの映画化」**というのは、基本的には、**制作費が安くなる**面もあるんだよ。
なぜなら、『相棒』シリーズのように**通常のドラマの撮影をやりながら映画を撮影する場合では、セットなどはそのまま使えるし、スタッフの管理もスムーズにできるので、非常に効率的に映画を作れる**んだ。

「へ〜、"テレビドラマの映画化"が多いのは、そういうコスト管理の面もあるんだね」

そうだね。テレビ局としては、何とか通常のテレビドラマから、もっと収益を生み出したいと考えているから、基本は「映画化」が目標でもあるんだよ。

「ふだん見ているドラマからでも、
多くのことが見えてくるものなんだね」

このように世の中には"少し先が見えてくる情報"が日常に溢れていて、**投資のタイミングというのは、それぞれが気付いた段階で、検討してみればいいもの**なんだ。

「確かにワンピースだけでも、本当にいろんな
経済についての情報がつまっているんだね。
これからは、**毎日の情報と接する際に、**
ちょっとだけ立ち止まって
"少し先"を考える習慣をつけてみるよ」

コラム *Coffee Break*

『ヱヴァンゲリヲン』が動かす意外な株とは？

　『ワンピース』と並び、圧倒的な人気のある作品に『ヱヴァンゲリヲン』もあって、この映画も大ヒットを記録しています。

　ただ、この「新劇場版」の『ヱヴァンゲリヲン』については、少し特殊な作品で、総監督の自信作ということもあって、通常の「製作委員会」の形にはなっていなく、全額を（監督自身の制作会社スタジオカラーも持つ）「株式会社カラー」が出資しています。

　この株式会社カラーについては上場されていないので、基本的には、株価には影響を与えないのですが、実は第3作目から少し状況が変わってきたのです。

　「新劇場版」は、全4部作を予定していて、
『ヱヴァンゲリヲン新劇場版：序』(興行収入20億円)
『ヱヴァンゲリヲン新劇場版：破』(興行収入40億円)
というように、どんどん興行収入が上がっていっていました。

そんな中、**3作目『ヱヴァンゲリヲン新劇場版：Q』では、２０１２年３月にカラーと「ティ・ジョイ」の「共同配給」**になると発表されたのです。

　「共同配給」とは、文字通り、共同で配給することで、カラーが選んだパートナーは**「ティ・ジョイ」**という**「シネコン（１つの場所に５つ以上のスクリーンを持つ映画館）」を運営する東映の子会社**だったのです。

　そのため**『ヱヴァンゲリヲン新劇場版：Q』は、このシネコンを中心に公開される**ことになり、もし、この**映画が大ヒットすれば、「ティ・ジョイ」の劇場収入がアップすることになる**わけです。

　そして、２０１２年１１月１７日に公開されると、（日本の映画館でトップを争う）東京の新宿にある「ティ・ジョイ」系列の「新宿バルト９」で（２００７年２月のオープン以来）１日の興行収入で「過去最高」を記録する大ヒットとなったのです。

　その後も、順調に観客を伸ばしていき、最終的には**興行収入が５０億円を超える大ヒット**となりました。

　その結果が、次のようなニュース記事につながるわけです。

Coffee Break 『ヱヴァンゲリヲン』が動かす意外な株とは？

東映が最高益に　13年3月期　3期連続

　東映は14日、2013年3月期の連結経常利益が前期比0.1％増の140億円になるとの見通しを発表した。従来の減益予想（同18％減の115億円）から一転して、3期連続で最高益となる。人気アニメ「ワンピース」の劇場版ヒットなどがけん引した。

　売上高は2％増の1190億円と、従来予想を100億円上回る。ワンピースの興行収入は67億円と、ヒット作の目安である10億円を大きく上回り配給収入が拡大した。ワンピースは製作出資比率が高く、分配金収入も想定を上回っている。傘下の映画館も、ワンピースのほか「ヱヴァンゲリヲン新劇場版：Q」のヒットで客足が増えた。**(日経新聞電子版　2013年2月14日)**

　ちなみに、『ONE PIECE FILM Z』の制作会社で、2番目に多く出資している**「東映アニメーション」**は**東映の傘下**にあるので、この**東映アニメーションの業績も、「東映の決算」に反映される**ことになるのです。

また『ONE PIECE FILM Z』のDVDについては、**「ポニーキャニオン」**から発売されますが、これは、**ポニーキャニオン**が、『ONE PIECE FILM Z』で最も多く出資している**「フジテレビ」の関連会社（どちらもフジ・メディア・ホールディングスの子会社！）**だからです。

Level 12

株式投資で元本は、どのくらいで倍増できる？

Level 12

株式投資で元本は、どのくらいで倍増できる？

「そもそも株式投資は中長期投資が望ましいのは、わかるけれど、例えば、どのくらいの期間で元本を2倍に増やせたりできるものなの？」

これについては、主に2つのケースに分けて考える必要があるんだよ。

まず、そもそも**株価が割安過ぎる場合は、この倍増の期間は比較的、短いものになる可能性が高い**んだ。

例えば「PBR（株価純資産倍率）」が"0.5"というような"半額状態"で、業績も堅調な場合、株式市場がその"異常な状態"に気が付けば、その段階で株価は少なくとも、PBRが"定価"の1となる程度までは上昇が見込める面があるんだよ。

「なるほどね。つまり、もともと半額だった場合は、本来の定価に戻るのは"気付くかどうか"だから、気付く人が増えれば実現するわけか」

Level 12　株式投資で元本は、どのくらいで倍増できる？

　そうなんだ。だから、2年間なのかもしれないし、2か月なのかもしれないし、2日なのかもしれないんだよ。要は、**多くの人が、いつそれに気付くのかは、誰にもわからない**からね。

「確かに、ワンピースの例を考えてみても、そうだよね。株価の上昇の期間は"気付く期間"と同じ、ということなんだね」

　基本的には、そういうことだね。
　ただ、これは「PBRに着目した話」で、他には、その株に投資した時に、どのくらいの期間で「元本を2倍にできるのか」という視点については、**「PER（株価収益率）」で考えてみるというのも重要**なんだよ。

「えっ、"PER"って何？？」

　まず、これまで確認していた **PBR（株価純資産倍率）** というのは、**"その会社が持っている純資産"に着目する方法**だよね。

その一方で、**PER（株価収益率）**というのは、**"その会社が生み出している利益" に着目する方法**なんだよ。

　具体的には**その会社がその年に出した「最終利益」に対して、株価がどのような水準になっているのかをチェックするもの**なんだ。

　例えば、A社の1株当たりの**最終利益が100円**で、**株価が1000円の場合のPERは、"PER＝10（倍）"** となるんだよ。

「なるほど。でも、この"PER＝10（倍）"って何を意味しているの？」

　まず、基本的に、会社の財産は株主のものだよね。そのため、この**会社の「最終利益」は、基本的には、株主のもの**なんだよ。

「確かにそうだね。この"最終利益"というのは、株主は"配当金"としてもらえるの？」

　基本的にはそういうことだね。

Level 12 株式投資で元本は、どのくらいで倍増できる?

ただ、この (「社員の給料」などを払い終わった後に最終的に残った) **「最終利益」** というのは、全額が株主への配当金として配られるわけではなくて、**一部は 会社が、将来の成長のために「内部留保」として、会社で貯めておく**ようになっているんだよ。

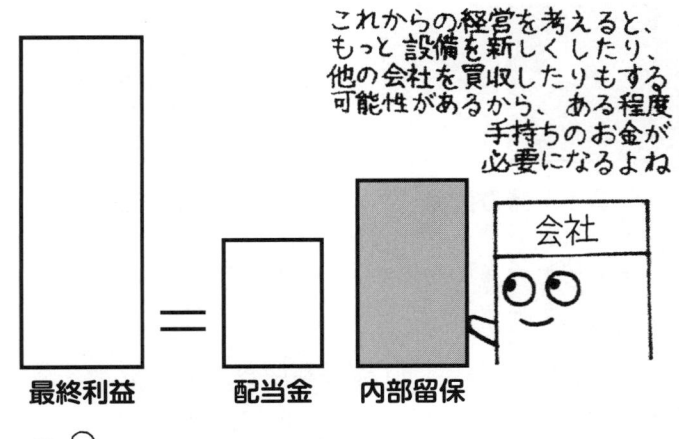

これからの経営を考えると、もっと設備を新しくしたり、他の会社を買収したりもする可能性があるから、ある程度手持ちのお金が必要になるよね

最終利益 = 配当金 + 内部留保

「なるほどね。要は、"配当金" として直接もらっても、会社に貯めてあっても、**"最終利益" は株主のもの**なんだから、この "最終利益" がどのくらいになっているのかは重要だね」

まさに、そういうことなんだよ。

そこで、この「最終利益」と「株価」の水準を見るPERが必要になるんだけれど、さっきの"PER＝10（倍）"の場合は、**現在の株価が1年間の最終利益の10倍になっている**、ということを意味するんだよ。

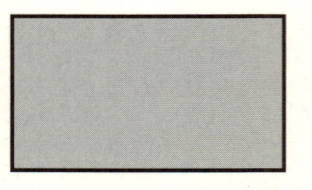

買った時の株価　　　　　**会社の最終利益**

1年間に生まれる価値

もしもこのタイミングで、そのA社の株を買ったとしようか。

その場合は（毎年、同じ最終利益を生み出すとすると）2年後には、最終利益と株価の関係は次のようになるよね。

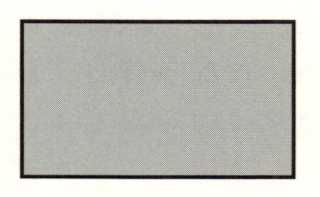

買った時の株価　　　　　**会社の最終利益の合計**

2年間に生まれる価値

Level 12　株式投資で元本は、どのくらいで倍増できる？

さらに3年後には、最終利益と株価の関係は次のようになるよね。

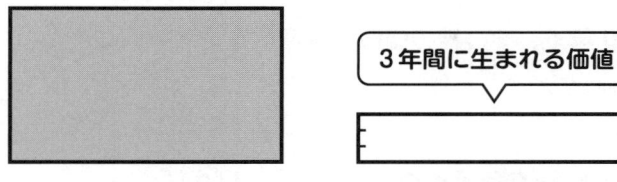

買った時の株価　　　**会社の最終利益の合計**

3年間に生まれる価値

さらに10年後には、最終利益と株価の関係は次のようになるよね。

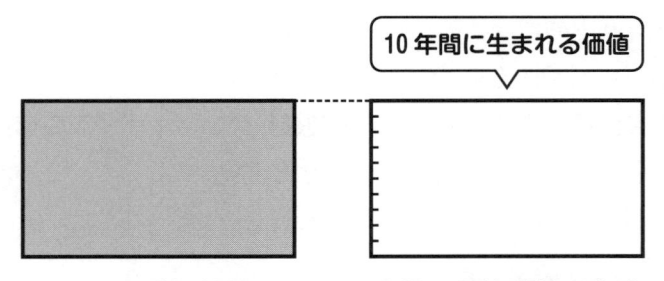

買った時の株価　　　**会社の最終利益の合計**

10年間に生まれる価値

「あ、買った時の株価と会社の最終利益の合計が同じになったね！　つまり、
この会社の株を買っておいた場合は、10年で元本と同じ価値が新たに増えるわけだね」

そういうことなんだよ。
つまり、"PER＝10（倍）"の意味は、
**もし会社がその「最終利益」を毎年続けると、
10年で、その株の価値は倍増する**、ということ
なんだよ。

「なるほどね。それなら、例えば
"PER＝9（倍）"なら、9年で
その株の価値は倍増する、ということだね」

　基本的には、そういうことなんだよ。
　ただ、注意しないといけないのは、この**「PER」
を計算する時に使う「最終利益」は、あくまでその年
（もしくは来年の予想）の「最終利益」**であって、その
水準がずっと続く保証があるわけではないんだよ。

「確かに、そうだね。でも、会社の最終利益って、
そんなに毎年毎年、大きく変化があるわけ
ではないんでしょ？」

　大まかには、そうだね。

Level 12 株式投資で元本は、どのくらいで倍増できる？

　だけど、例えば「リーマン・ショックの前後」とか特殊な経済状況だと利益にバラつきが出ることになるから、この PER を見る時には、**「この利益は、"平時の場合"なのか"特殊な場合"なのか？」という視点で見ることも重要**になるんだよ。

「つまり、**たまたま、その年だけが絶好調だったのに、その年だけを見て、"これがその会社の実力だ"と思ってはいけない、ということだね**」

　まさに、そういうことなんだよ。

「あ、そもそも、この PER って、どのくらいが目安になるものなの？」

　これは、業種によっても変わってくるんだけれど、日本の株価は"割安"になっているものが多いから、PER が１０〜２０（倍）程度のものが多いね。
　個別に見ていけば１０（倍）どころか９（倍）、８（倍）、それ以下となっている会社も少なくないんだ。

「へ〜、そうなんだ。つまり、日本の株式市場では、10年程度で資産を倍増できるチャンスも、意外と多いってことなんだね」

そうだね。例えば、総合商社のPERは１０（倍）を下回っている場合が多いね。
有名な会社でいうと、三菱商事や住友商事などは、２０１３年３月末時点で、PERが７（倍）以下になっているね。

コラム Coffee Break
あの映画の「採算ライン」は?　製作費編1

　映画が「ヒットした」とか「コケた」というような話がよく出てきますが、そもそもこれは、どのような根拠で判断されているのでしょうか?

　実は、映画は大きく"3つのタイプ"に分けることができて、その映画の「採算(さいさん)ライン」というのは、どのタイプでの話なのかによって異なるわけです。
　例えば、同じ「興行収入5億円の映画」であったとしても、制作費が1億円の映画なら「ヒットした」となりますが、制作費が15億円であれば「コケた」となるわけです。

　まず、結論から言うと、**映画には「小規模作品」「中規模作品」「大規模作品」の3つがあるのです。**
　そこで、まずは**「小規模作品」**について、大まかなビジネスモデルを見ていきましょう。

127

「小規模作品」の場合の基本モデル
（50スクリーン程度の公開規模）

まず、映画という商品の「原価」ともいうべきものは**「制作費」**で、基本的には、この制作費の規模と、映画の公開規模は関係しています。

全国で50スクリーン程度の公開規模の作品では、制作費が0.8億円～1.5億円が目安となっています。

ただ、映画には「制作費」しかコストがかからないのか、というと、そういうわけではないですよね。

チラシやポスターを作ったり、テレビなどでCMを流したりして、宣伝費が必要となります。

また、フィルムの場合は映像をプリントする必要があったり、デジタルの場合は映像を配信する必要があったりするわけです。

つまり、映画のコストには、「制作費」以外にも、**「P＆A費」**（ピー・アンド・エー費）と呼ばれる**「プリント費＋宣伝費」**が必要となるのです。

※Pは、**「プリント」**の頭文字を意味していて、
　Aは、**「アドバタイジング（宣伝）」**の略です。

Coffee Break　あの映画の「採算ライン」は？　製作費 編1

小規模作品の場合の「P＆A費」は、0.5億円～1億円程度が目安となっています。

さて、よくニュースなどで "**製作費●円の映画**" という表現を目にしますが、その際には漢字をよく見てみてください。

そこで使われている漢字は、ほとんどが**「制作費」**ではなく、**「製作費」**となっているはずです。

この2つは、映画業界では明確に違う意味になっていて、**「制作費」**のほうは、**純粋に「作品を作る上で必要な費用」**を指していて、**「製作費」**のほうは、**「宣伝等も含めた映画の総費用」**を意味しているのです。

つまり、**「製作費」＝「制作費」＋「P＆A費」**といった関係になるので**「製作費」**は、わかりやすく**「総製作費」**と呼ばれたりもしています。

以上のように、**小規模作品の「総製作費」は、「1.3億円～2.5億円」程度が目安**となるのです。

つまり、**この映画が利益を出すためには興行収入が「2.6億円～5億円」を超えられたらいいのです。**

なぜなら、興行収入の半分は、「映画館の取り分」になるからです。

　とは言っても、なかなか小規模の映画の興行収入が２.６億円や５億円に到達するのは困難です。
　では、その場合に、映画は「赤字」になってしまうのでしょうか？
　答えは、そうとは限りません。

　なぜなら、映画は、収入を得る機会が、「映画館」だけではなく、DVDの発売やレンタルや、テレビでの放送など、いわゆる「２次利用」もあるからです。
　具体的には、**小規模作品の場合はDVDやブルーレイディスク、そして、テレビ放送権などの「２次利用」で、「制作費の３分の２」を回収するのが目安**となっているのです。

　以上のように、映画が「ヒットした」か「コケた」のかは、最終的には、このような仕組みのもとで決まっていくことになるわけです。

Level 13

株式投資における「ひっかけ問題」1

Level 13

株式投資における「ひっかけ問題」1

「もう十分なくらい、株式投資については
わかってきたから、すぐにでも投資を
始めたいんだけど」

そうだね。この時点で、必要な知識は、かなり身に付いてきているよね。
だけど、本当に、もう大丈夫かな？

「うん、大丈夫だと思うんだけど」

それなら、ここからは、より実践的な「応用編」を始めることにしようか。
まずは、さっそく次の問題を考えてみて。

株式投資・問題 1 （配当 編）

A社の配当利回りは4％です。この株は「買い」？

Level 13　株式投資における「ひっかけ問題」1

「え、配当で4％ももらえるの？　これは、当然、おトクだから、"買い"でしょ？」

そう思うよね。ただ、本当に"落とし穴"はないかどうかを、立ち止まって考えてみようか。

まず、根本的なところで押さえておきたいのは、**この「高配当」は"会社の実力かどうか"ということ**なんだよ。

よくあるケースが、次のような場合なんだ。

これを見て、何がわかるかな？

A社の「株価」と「配当金」と「最終利益」の関係

株価１０００円　　配当金４０円　最終利益２０円

「え、特に何もおかしなところを感じないけど」

いや、これは、楽観できない状況なんだよ。

まず「配当金」が「最終利益」の数字よりも大きくなっているよね。

これは、おかしな状況だね。なぜなら Level 12 でも確認したように、**「配当金」は「最終利益」から支払われるもの**なんだから、**「配当金」は「最終利益」の数字よりも小さいのが普通**だからね。

「あっ、本当だ。**会社の利益よりも配当金を多く出してしまっているね！　これだと、会社の財産を取り崩すことになっているわけか**」

そういうことなんだよ。実は、高配当の会社では、このように、会社の実力に合わない配当を出しているケースが意外とあるから注意が必要なんだ。

だから**"高配当だから"といって、すぐに飛びつくのではなく、まずはこのように「最終利益」との比較をしてみることが重要になる**んだよ。

「なるほどね。そういう"落とし穴"もあるのか。でも、会社は、どうしてそこまで無理をして、高配当にするのかな？」

それは、いくつか背景があるんだ。

Level 13　株式投資における「ひっかけ問題」1

　まず、一番わかりやすいのが、**「記念配当金」**が含まれている場合なんだよ。

　これは、例えば**「会社の創業 50 周年」**とか、特別**な年に"記念"として、配当金を増やす**ことがあるんだ。

　でも、これは、あくまで"その年"に限った配当金だから、基本的には、次の年には配当金が下がることになるわけだね。

「配当金が下がれば、その株の魅力が減って、株価が下がることにもなりそうだね……」

　そういうリスクもあるよね。だからこそ、**Level 2** で確認したように、**ここ数年の「配当金の推移」を事前にチェックしておくことが重要**になるんだよ。

　それと同時に今回のように**「最終利益」**も合わせて見ておくようにすれば、その**「配当利回り」**の数字をどこまであてにできるのかが判断できるんだよ。

「もしも**最終利益を超えるような配当金**だと、**いつ配当金が減っても不思議じゃないよね**」

そういうことだね。あとは、「記念配当金」という特別なことがない場合でも、会社が自分の株を魅力的にみせるため、高めに配当金を出す場合もあるんだ。

「そういうトリックみたいなこともあるのか。
**それだから配当金の推移と最終利益の推移の
ダブルチェックが重要になるわけだね**」

　そこで、具体例を見ていこうか。例えばコンビニの**「ミニストップ」**の「配当金」は非常にユニークで毎年上がり続け、ここ数年は配当（利回り）が３％近いんだ。

「ミニストップ」の１株あたりの「配当金」の推移

２００７年	**39円**
２００８年	**40円**
２００９年	**41円**
２０１０年	**42円**
２０１１年	**43円**
２０１２年	**44円**
２０１３年	**45円**

Level 13　株式投資における「ひっかけ問題」1

「へ〜本当だ。すごいね。あっ、でも、会社の実力以上に配当金を出している場合なのかもしれないんだね。
キチンと最終利益との関係も調べなくちゃ！」

そうだね。

そこで、会社のホームページの「IR情報」を見て同時に調べてみよう。

すると、次のようになっていて、どの年を見ても、**キチンと「最終利益」の範囲内で配当金を出している**ことがわかるね。

「ミニストップ」の１株あたりの「最終利益」の推移

２００７年	**93.39 円**
２００８年	**105.15 円**
２００９年	**107.39 円**
２０１０年	**56.15 円**
２０１１年	**118.08 円**
２０１２年	**107.16 円**
２０１３年	**65.70 円**

「へ～、それなら、この場合は、高配当でも会社の実力の範囲内で対応しているわけか」

　そういうことになるね。ちなみに、ミニストップは株主の利益還元を重要施策としていて、２０１３年の段階で**「20年連続増配」を実施**しているね。

「なるほどね。特に高配当の場合は、このように"配当金の出どころ"をキチンと確認しておくことが重要になるんだね」

　そうなんだよ。そこで重要になるのが**「配当性向(せいこう)」**をチェックしておくことなんだ。

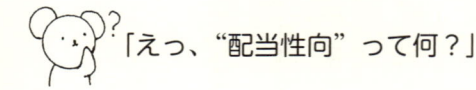

「えっ、"配当性向"って何？」

　まず、そもそも「配当金」というのは、会社が社員の給料などを払った後に残る「最終的な利益」から、株主に渡すお金のことだよね。
　そして、その**「最終利益」**から**「配当」**に回す割合のことを**「配当性向」**というんだ。

Level 13 株式投資における「ひっかけ問題」1

　例えば1株あたりの**最終利益が100円の会社で、配当金が20円の場合、「配当性向」は20%**となるんだよ。

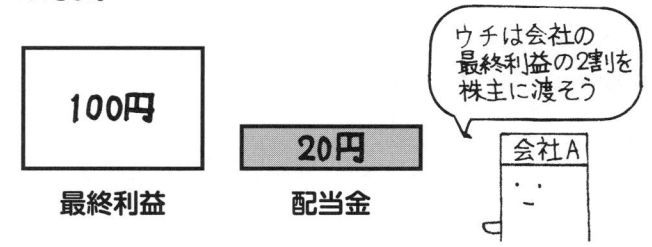

100円
最終利益

20円
配当金

ウチは会社の最終利益の2割を株主に渡そう
会社A

　また、1株あたりの**最終利益が100円の会社で、配当金が80円の場合、「配当性向」は80%**となるんだよ。

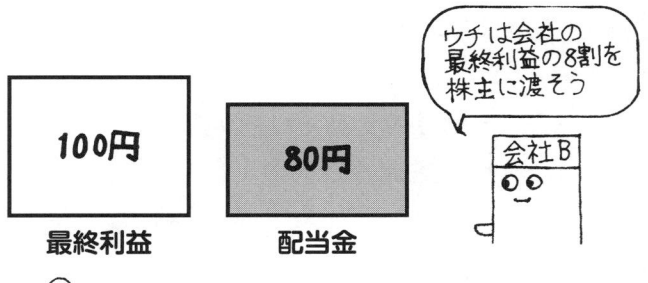

100円
最終利益

80円
配当金

ウチは会社の最終利益の8割を株主に渡そう
会社B

「なるほど。要は、この**配当性向が100%を超えていなければいいわけだね**」

基本的には、そういうことなんだよ。

かつては「配当金」については、明確な基準がなくて、「利益が出れば配当金を出し、利益が出なければ配当金も減る」という"曖昧な仕組み"だったものが、今はずいぶん変わってきていて、**事前に「配当性向」を決めている会社が増えてきている**んだ。

「へ〜つまり、会社が"配当のルール"を
　個別に教えてくれているわけか。
　具体的には、どういう風に教えてくれるの？」

　例えば**「NTTドコモ」「ライオン」「大東建託」**などは**配当性向**を**「50％を目安」**としているね。

「つまり、会社の最終利益の半分が、株主に
　分けてもらえるのか！」

　そういうことなんだよ。また、コンビニの**「ファミリーマート」**などは**配当性向40％を目標**としているね。
　あとは、会社によっては「配当性向」を業績連動型で、2段階で決めている場合もあるんだよ。

Level 13　株式投資における「ひっかけ問題」1

　例えば、「フジ・メディア・HD（フジテレビ）」の場合は、**配当性向40％を目標**としていて、**年間1600円を「配当金の下限」として設定**しているんだ。

「へ〜、もし会社の業績が落ち込んだとしても最低でも1600円はもらえるわけだね」

　そうだね。さらに、例えば**「伊藤忠商事」**の場合は、**「最終利益が2000億円までは配当性向20％、2000億円を超える部分は配当性向30％」**が目途というように、**業績の結果によって、配当に回るお金を具体的にわかるようにしている**んだよ。

「そこまで会社の方針が明確になっていると株主は安心できるね」

　そうなんだよ。
　このように「配当性向」という視点で見ていく習慣をつけていると、「配当のひっかけ問題」には自然と気付くことができるようになっていくんだよ。

「なるほどね。これからは、高配当だけに
目がいかないように、配当性向に注目して
チェックすることにするよ」

それなら、ここで、さらに実践的な「応用問題」を
考えてみようか。

株式投資・問題2 （配当 編）

次の2つでは、どちらが「買い」でしょうか？
① A社の配当性向が10％の場合
② A社の配当性向が50％の場合

「当然、②が"買い"じゃないの？ だって、
配当性向が低い、ということは、配当金が
少なくなる、ということだよね。それなら
魅力が少ないから①は"買い"ではないよね」

実は、この問題は「人によって答えが変わる問題」
なんだよ。
つまり、「正解のない問題」なんだ。

そもそも**「最終利益」を「配当金」に回さない分のお金**というのは、P.121でも確認したように、**会社が「将来の成長」のために持っておく**んだったよね。

その一方で、**会社の財産は「株主のもの」**だから、実は、①も②も、**実質的には"同じ状態"**なんだよ。

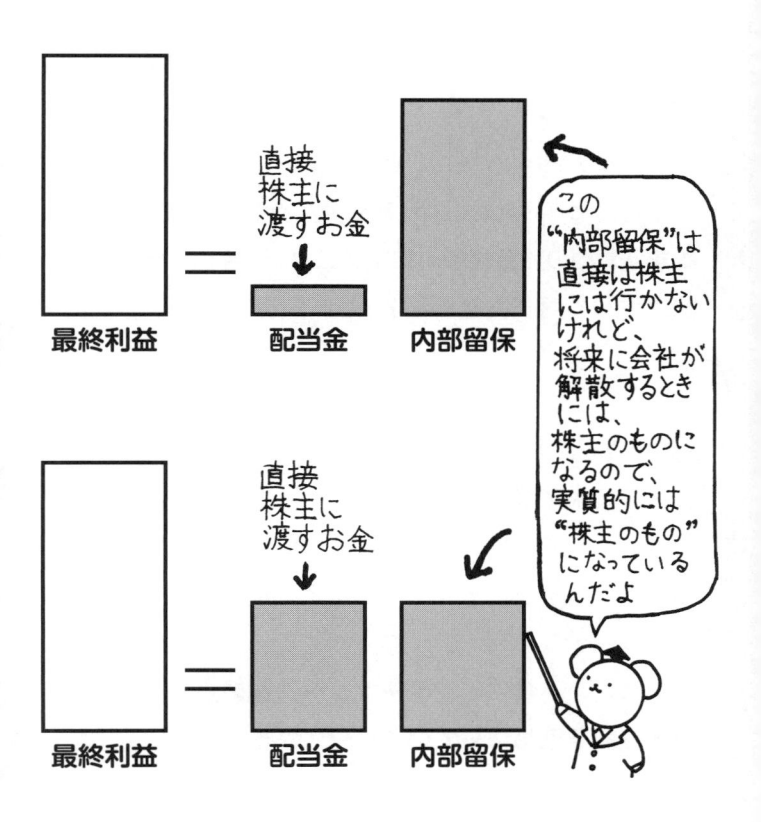

最終利益	配当金	内部留保

直接株主に渡すお金 ↓

この"内部留保"は直接は株主には行かないけれど、将来に会社が解散するときには、株主のものになるので、実質的には"株主のもの"になっているんだよ

最終利益	配当金	内部留保

直接株主に渡すお金 ↓

「あ、なるほど。確かに、**理屈のうえでは同じになる**んだね。
でも、個人的には、実際に多めに配当金をもらえたほうがうれしいんだけどなぁ。
だって、①の場合だったら、**会社が、そのお金を使うことで、本当に儲けを増やしてくれたらいいけど、減らすリスクもあるよね**」

まさに、そういうことなんだよ。
ただ、(配当金に回すお金を少なくして)**会社が仕事をするためのお金を多めにすることで、会社の成長が加速される面もある**んだよ。

つまり、**この問題の「本質」は**、結局のところ、**「会社の成長のスピード」に大きく関係してくる**んだ。
もし技術革新の速いインターネット関連の会社などの場合、高成長の余地があれば、できるだけ早めに多額のお金を投じておくことが重要になってくるよね。

そのため、**特にインターネット関連の会社などでは、配当性向を低めにしているケースが多い**んだよ。

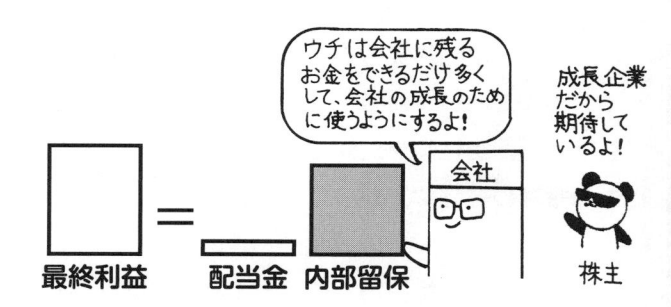

Level 13 株式投資における「ひっかけ問題」1

> ウチは会社に残る
> お金をできるだけ多く
> して、会社の成長のため
> に使うようにするよ！

会社

成長企業
だから
期待して
いるよ！

株主

☐ ＝ ☐ ☐
最終利益　配当金　内部留保

もちろん、その一方で、**配当金を低めにおさえていても、結局は会社の仕事自体がうまくいかずに、会社の財産は、どんどん目減りしていくリスクがある**のも事実なんだよね。

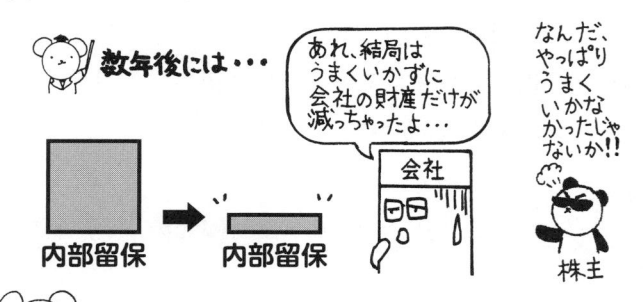

数年後には・・・

> あれ、結局は
> うまくいかずに
> 会社の財産だけが
> 減っちゃったよ…

会社

なんだ、
やっぱり
うまく
いかな
かったじゃ
ないか!!

株主

内部留保　➡　内部留保

> 「やっぱり個人的には、ある程度の配当金が
> あったほうが安心できていいかな。いくら
> "会社にお金がある"と言っても、
> やっぱり、本当にそのお金が自分の手に
> 入らないと、実感ができないからなぁ」

そういう現実的な考え方もあるんだろうね。
そして、そのように考える人が多いのも事実だから、
**会社が「配当性向を上げる」というニュースが出ると、
その会社の株価は上がることが多い**んだよ。

　この話は**「株主優待」の話と本質的には同じ**なんだ。
理屈のうえでは「株主優待」も無くして、会社のお金
をもっと増やせば、会社が自由に使える資金が増える
ことにもなるけれど、やっぱり、特に個人投資家は
「株主優待」が欲しいわけだよね。
　だから**「株主優待」があれば人気は高まる**し、逆に
**「株主優待」がなくなると、人気は落ちて、株価は
下がってしまう**のが現実なんだよ。

　　　「"配当金の多さ"と"優待の充実"は、普通の
　　　　個人投資家には、すごく大事な要素だよね」

　そうだね。
　ただ、気を付けたいのは、**「配当性向が低い」**とか
「配当がない」というのは、実は **必ずしも
「見通しの悪い会社」ではない**、ということなんだ。

Level 13 株式投資における「ひっかけ問題」1

例えば、もし「赤字」が続いていて"無配(配当金がゼロ)にせざるを得ない"という会社については、言うまでもなく、「見通しの良くない投資先」だよね。

でも、実は**業績が好調でも「無配」や「配当性向が低い」という状況にしている場合もある**んだよ。

「iPhone」や「iPad」などで有名なアメリカの「アップル社」については、2012年7月1日から配当を払うことを決めたのが大きなニュースになったんだけど、この「配当の支払い再開」は、1995年以来で、約17年ぶりだったんだ。

これは**その間はずっと「赤字」だったから「無配」にしていたわけではなくて、それまでは会社の利益を、さらなる会社の成長に使うために、あえて「無配」にしていた**んだよ。

つまり、**会社は、急速な成長が見込まれる投資先がある場合には、多めに「投資」のためにお金を回して、もし有望な成長投資先が見つからなければ、利益は「配当金」に回す**、というのが理想的な考え方なんだ。

今回のアップルの場合は、あまりに業績が好調で、「内部留保」が貯まりすぎたので、徐々に「配当金」に回していこう、ということなんだよ。

「なるほど。でも、どの会社もアップルのように成功ができるわけではないよね。個人的にはやっぱり配当金は多めなのが安心かな」

　そうかもね。それだと、通常の場合は**「成熟企業」のほうが安定していて、安心**だといえるだろうね。
　そして、その安定度を見る上でもこの「配当性向」というキーワードに注目しておくといいんだよ。

コラム **Coffee Break**

あの映画の「採算ライン」は？　製作費 編2

　映画が「ヒットした」とか「コケた」というような話がよく出てきますが、そもそもこれは、どのような根拠で判断されているのでしょうか？

　基本的に、映画は大きく"3つのタイプ"に分けることができて、その映画の「採算ライン」というのはどのタイプでの話なのかによって異なるわけです。

　例えば、同じ「興行収入5億円の映画」であったとしても、制作費が1億円の映画なら「ヒットした」となりますが、制作費が15億円であれば「コケた」となるわけです。

　つまり、その映画が**「小規模作品」「中規模作品」「大規模作品」のどれか**を見極めた上でヒットかどうかを判断することが重要になるのです。

　そこで、今回は**「中規模作品」**について、大まかなビジネスモデルを見ていきましょう。

「中規模作品」の場合の基本モデル
（100〜200スクリーン程度の公開規模）

　まず**全国で100〜200スクリーンといった公開規模の作品では、制作費が1.5億円〜2.5億円が目安**となっています。
　そして、このような**中規模作品の場合「P＆A費」は、1億円〜2.5億円程度が目安**となっています。

　以上のように、**中規模作品の「総製作費」は、「2.5億円〜5億円」程度が目安**となるわけです。
　つまり、この映画が利益を出すためには興行収入が「5億円〜10億円」を超えることができればいいのです。（興行収入の半分は「映画館の取り分」になるから）

　とは言っても、なかなか中規模の映画の興行収入が５億円や１０億円に到達するのは困難です。
　そこで、**中規模作品の場合はDVDやブルーレイディスク、そして、テレビ放送権などの「２次利用」で、「制作費の２分の１」を回収するのが目安**となっているのです。

Coffee Break　あの映画の「採算ライン」は？　製作費編2

　では、ここで、イメージが湧きやすいように、具体的な作品の例で見ていきましょう。

　例えば２０１２年公開の『**ヘルタースケルター**』（**204 スクリーン**）の場合ですが、これは、「中規模な作品」なので、制作費とP＆A費を合わせた**総製作費は 5 億円**となっていました（推定）。
　つまり、**この映画が利益を出すためには興行収入が 10 億円を超えることができればいい**のです。
（基本的に興行収入の半分は「映画館の取り分」になるから）

　ところが、この作品は、興行収入が２１．５億円を記録し、映画館での上映だけで「採算ライン」を大幅にクリアしてしまったのです！

　そのため、この作品については、映画館での上映の時点で大きな利益が出たので、DVDやブルーレイディスク、そしてテレビ放送権などの「２次利用」に関しては、それらがまるまる利益となることになったわけです。

一般に映画は、宣伝費の金額も重要な要素ですが、結局のところ、どこまで世の中の空気をその映画に向けることができるのか、という要素で宣伝効果が決まっていくのです。

　その意味で、キャッチコピーの上手さなどが重要になるわけですが、『ヘルタースケルター』の場合は「映画というより、事件！」といったコピーに、現実が追随するような状況となり、結果的に宣伝費を超えるような広告効果も出て、映画としては大ヒットを記録することになったのです。

Level 14

株式投資における「ひっかけ問題」2

Level 14

株式投資における「ひっかけ問題」2

　今回も、自分の頭で考えて投資の判断ができるように、引き続き、より実践的な「応用編」を考えることにしよう。

　まずは、さっそく次の問題を考えてみて。

株式投資・問題1　（純資産 編）

A社のPBR（株価純資産倍率）は1以下です。
この株は「買い」？

「PBRが1よりも小さい、ということは、
　その株は"定価"よりも安い、ということだね。
　ということは、A社の株は"買い"でしょ？」

　単純に考えると、そう思うよね。
　ただ、本当に"落とし穴"はないのかどうかを、立ち止まって考えてみようか。

Level 14　株式投資における「ひっかけ問題」2

まず、そもそも、なぜ「A社の株のPBRは低い」んだろうね？

実は、これには2通りの理由が考えられるんだよ。

① 単純にA社の株価が割安な状態で放置されている

これは、これまで見てきたケースで、**A社の経営が黒字を続けて、堅調であるにもかかわらず、株価が"定価"を下回っているならば**、いつかは少なくとも"定価"であるPBRが1の水準にまでは株価が上がることが想定されるから、「買い」という判断が妥当となるよね。

ただ、実は、このようなケース以外でも、PBRが1を下回っている原因が考えられるんだよ。

② A社の業績が悪く、将来を見越して株価が割安になっている

例えば、**A社の経営がうまくいっていなく、赤字が続いている**としようか。

この場合は、A社の純資産はどうなっていくかな？

🐻「え〜と、A社の赤字が続くのであれば、A社の"純資産"は、どんどん少なくなっていくことになるね」

そうだよね。つまりこの先もA社の"1株純資産"は減っていくことになるので、PBRが1を下回っているのは**"将来を織りこんだ正当な評価"**ということになるわけだね。

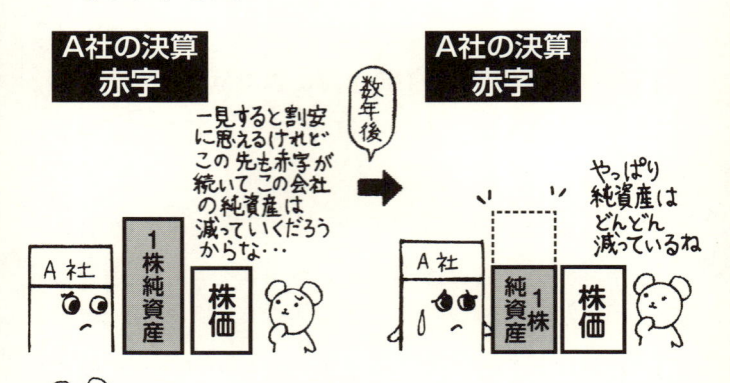

A社の決算 赤字	A社の決算 赤字
一見すると割安に思えるけど この先も赤字が続いて この会社の純資産は減っていくだろうからな…	やっぱり純資産はどんどん減っているね

（数年後 →）

🐻「あ、そういうことか。それなら、A社のPBRが1を下回っているからといって、A社の株価が割安とは言えない、ということになるね」

そうなんだ。

つまり、「**赤字企業**」における"**1株純資産**"という"**定価**"は、基本的には、**どんどん値下がりしていくもの**なんだよ。

だから、**PBRで"割安"かどうかをチェックする際には、「赤字企業かどうか」を確認することが重要になる**んだよ。

「なるほどね。"赤字企業"の場合では、PBRの捉え方を変える必要があるのか」

では、引き続き、さらに実践的な「応用問題」を考えてみようか。

--- **株式投資・問題2　（純資産 編）** ---
B社のPBR（株価純資産倍率）は1以上です。
この株は「売り」？

「まず、PBRが1よりも大きい、ということは、その株は"定価"よりも高い、ということだね。ということは、B社の株は"売り"でしょ？」

単純に考えると、そうなるよね。

でも、本当にそうなのかな？

まず、そもそも**「株式投資の基本」**は、本来は、**"将来を織りこむ"ということ**なんだよ。

例えば、**B社の経営がうまくいっていて、黒字が続いている**としようか。

この場合は、B社の純資産はどうなっていくかな？

「え〜と、B社の黒字が続くのであれば、B社の"純資産"は、どんどん多くなっていくことになるね」

そうだよね。つまりこの先もB社の"1株純資産"は増えていくことになるので、PBRが1を上回っているのは**"将来を織り込んだ評価"**ということになるわけだね。

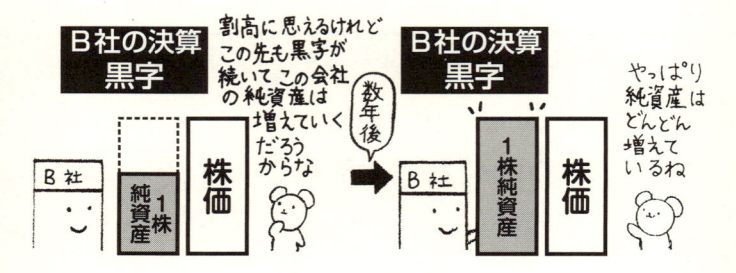

Level 14　株式投資における「ひっかけ問題」2

> 「あ、そういうことか。それなら、B社のPBRが1を上回っているからといって、B社の株価が割高とは言えない、ということになるね」

そうなんだ。

つまり、「黒字企業」における"1株純資産"という"定価"は、基本的には、どんどん値上がりしていくものなんだよ。

そのため「黒字企業」のPBRが1を上回っている場合は、「将来的な株価は、その"定価"にはなるだろう」という見込みが反映されているものなんだ。

だから、PBRで"割安"かどうかをチェックする際には、「黒字企業かどうか」を確認することも重要になるんだよ。

> 「なるほどね。"赤字企業"か"黒字企業"かで、PBRの捉え方を変える必要があるのか。
> いずれにしても、黒字企業なのに、PBRが1を下回っている場合は、"割安"と言えるんだね」

コラム　Coffee Break

あの映画の「採算ライン」は？　製作費 編 3

　映画が「ヒットした」とか「コケた」というような話がよく出てきますが、そもそもこれは、どのような根拠で判断されているのでしょうか？

　映画は、大きく"3つのタイプ"に分けることができて、その映画の「採算ライン」というのは、どのタイプでの話なのかによって異なるわけです。

　例えば、同じ「興行収入5億円の映画」であったとしても、制作費が1億円の映画なら「ヒットした」となりますが、制作費が15億円であれば「コケた」となるわけです。

　つまり、その映画が**「小規模作品」「中規模作品」「大規模作品」のどれか**を見極めた上でヒットかどうかを判断することが重要になるのです。

　そこで、今回は**「大規模作品」**について、大まかなビジネスモデルを見ていきましょう。

Coffee Break　あの映画の「採算ライン」は？　製作費 編3

「大規模作品」の場合の基本モデル
（250スクリーン程度以上の公開規模）

　まず、**全国で250スクリーン〜といった公開規模の作品では、制作費が2.5億円〜5億円が目安**となっています。
　そして、このような**大規模作品の場合「P＆A費」は、3億円〜4億円程度が目安**となっています。

　以上のように、**大規模作品の「総製作費」は、「5.5億円〜9億円」程度が目安**となるわけです。
　つまり、この映画が利益を出すためには興行収入が「11億円〜18億円」を超えられたらいいのです。
（興行収入の半分は「映画館の取り分」になるから）

　とは言っても、なかなか大規模の映画の興行収入が１１億円や１８億円に到達するのは困難です。
　そこで、**大規模作品の場合はDVDやブルーレイディスク、そして、テレビ放送権などの「2次利用」で、「制作費の2分の1」を回収するのが目安**となっているのです。

では、ここで、イメージが湧きやすいように、具体的な作品の例で見ていきましょう。

　例えば２０１２年公開の**『僕等がいた 前篇・後篇』（295 スクリーン）**の場合ですが、これは、**前篇と後篇を連続で公開する、**という画期的な作品で、「大規模な作品」なので、制作費とＰ＆Ａ費を合わせた**総製作費は、2 作合計で 12 億円**となっていました（推定）。
　つまり、**この映画が利益を出すためには興行収入が合計で 24 億円を超えることができればいい**のです。（興行収入の半分は「映画館の取り分」になるから）

　ところが、この作品は、前篇の興行収入が２５億円を突破して、**前篇の映画館での上映だけで、全体の「採算ライン」をクリアしてしまった**のです！
　そのため、この作品については、後篇の映画館での上映についても、前篇、後篇、それぞれの DVD やブルーレイディスク、そして、テレビ放送権などの「２次利用」に関しても、それらがまるまる利益となったわけです。

Coffee Break　あの映画の「採算ライン」は？　製作費編3

　さて、この作品には、ちょっとした仕掛けがあって実は、通常の映画よりも制作費が安く済んでいる面があるのです。
　これは、**「前篇」と「後篇」を連続で公開する、という作りになっているので、同じスタッフとキャストで一気に撮影できるため、効率的に撮影ができる分、制作費が安く済んだ**のです。

　では、このような作り方を他の映画が簡単にマネをできるのか、というと、そうではありません。
　なぜなら、この作りをするには、リスクもあるからです。つまり、もしも「前篇」がコケてしまったら、「後篇」はもっと厳しいことになり、映画館も配給会社も大きな損失を抱えてしまうリスクがあるのです。
　そのため、このような**「前篇」公開から5週間後に連続で「後篇」を公開する**、といった試みは、よほどの自信作でない限り、実行しにくいものなのです。

　さて、この「大規模作品」は、制作費の規模である"2.5億円～5億円"は、あくまで"目安"であり、作品によってはこれを超えることもあります。

象徴的なものとしては、(世界公開を前提にした)ハリウッド大作であれば、制作費だけで１００億円もかけることもよくあります。

　ただ、日本映画の場合は、制作費が１０億円前後の超大作は、年に１、２本あるかどうか、という程度です。
　よくスポーツ新聞などで「製作費２０億円！」といった金額が出ますが、これは、やや大げさな数字になっている場合が多い、という面もあるのです。

Level 15

株式投資と「アベノミクス」の関係

「アベノミクス」は偶然？それとも必然？

Level 15

株式投資と「アベノミクス」の関係
「アベノミクス」は偶然？ それとも必然？

「"アベノミクス"という言葉が出てきたあたりから、日本経済の雰囲気が変わってきた気がするけれど、そもそも"アベノミクス"って、どういうものなの？」

まず、**「アベノミクス」**とは、2012年末に誕生した**「安倍内閣」が推し進めている経済政策を示す**言葉で、**「安倍＋エコノミクス(経済学)」を表す造語**なんだ。

「なるほどね。具体的にはどういうものなの？」

この**「アベノミクス」は大きく3つの柱となる政策から成り立っていて**、まずは**「①大胆な金融政策」**があって、その次に**「②機動的な財政政策」**があって、

Level 15　株式投資と「アベノミクス」の関係

そして「③民間投資を喚起（かんき）する成長戦略」という政策も同時に進めることで、「"強い経済"を取り戻す」としているんだよ。

「なるほど。でも、どこかこれまでの経済政策と同じようなイメージがあるんだけど……。具体的に"アベノミクス"は、これまでの日本の経済政策と何が違うものなのかな？」

まず、２０１２年末までの日本では、「円高」と「緩（ゆる）やかな物価の下落」が問題とされていて、これらが「日本の閉塞感（へいそくかん）」を生んでいる要因としてあったんだ。

「そもそも"円高"って、どうしていけないの？だって、"円高"というのは、**日本の通貨が世界的に高く評価されている**、ということだよね。どうして、日本の通貨の価値が高くなることが、閉塞感につながるのかな？」

これは、「メリット」と「デメリット」の２つの面から考えないといけないものなんだよ。

まず、「メリット」としては、確かに日本の通貨が高く評価されている、ということは、個人の消費者にとっては、良い面が多かったんだよ。

　なぜなら、円の価値が高いと「海外の商品」を安く買うことができるからね。

「給料が上がりにくいなか、商品が安く買えるというのは、生活していくうえでは助かる話になるよね」

　そうだね。日本では単純に「海外の輸入品」が安く買えることに加えて、「石油などの原材料費」も安く買うことができるわけだから、**円高だと日本の生活費が安く済む**面があるんだ。

円高だと海外の商品が安く買えるぞ

日本の輸入企業

石油はエネルギーの他にもプラスチックなどの原材料になるから、円高でも安く手に入るようになると助かるよ

日本の製造業

円高だと輸入品を中心に商品が安くなって生活が助かるなぁ

Level 15 株式投資と「アベノミクス」の関係

　ただし、この **"安さ"** は「**デフレ**」とも表現できてしまうため **"心理的なマイナス"** が出て「**閉塞感**」につながることにもなるんだよ。

「そうか。"円高"と"デフレ"というのは、実は関係もしているんだね」

　そうなんだ。そもそも**「景気」**とは、**「気持ち」が左右する面が大きい**んだよ。
　例えば、デフレの問題点として「物価」と一緒に「給料」も下がってしまうリスクがあるわけだよね。
　でも、例えば
「物価が1％下がって、給料も1％下がる場合」では、実は、実生活への影響は、基本的にはないんだよ。

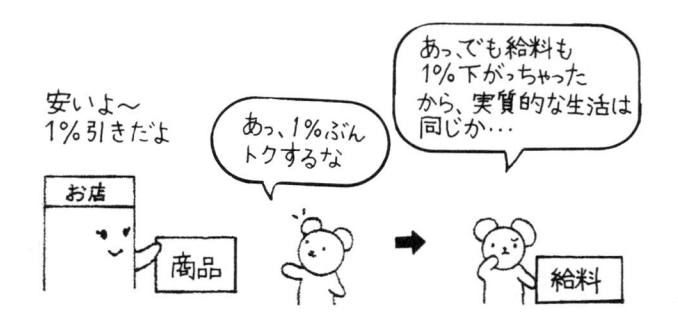

「確かにそうだね。でも、**"デフレ"という言葉のインパクトが強いから、何となく自然と"暗いイメージ"になってしまうよね**」

そうなんだ。そこで、まずは、その暗いイメージを作り出す根源でもある「デフレ」から抜け出すことが重要な経済対策としてあるんだよ。

「なるほどね。それで"アベノミクス"の登場になるわけか。具体的に、どんな仕組みで株高につながっていったの？」

まず「為替」に影響を与えることができたんだよ。日本では、東日本大震災などがあって、経済的にはダメージがあったんだけれど、なぜだか史上最高値(さいたかね)の「円高」に進むなど、少し「円高」が進み過ぎていたんだよ。

「普通は、日本経済が大きなダメージを受けると日本の通貨の評価は下がっていくのが自然なのに、不思議なくらい高いままだったね」

Level 15 株式投資と「アベノミクス」の関係

　そうなんだ。ただ、経済の実態と合わない水準だと「デフレ」などの問題も解決に向かいにくいので、この流れを変えることが重要だったんだよ。
　そこで、**「①大胆な金融政策」** を掲げる安倍政権が登場したことで、市場が「行き過ぎた円高」に歯止めをかける方向に動き出したんだ。

「どうしてアベノミクスで円高の流れを変えることができたの？」

　それは、大きく２つの理由があるんだよ。
　まずは、**「雰囲気を変える」ことに成功したこと**。これは、日本の通貨の政策を行なっている中央銀行の日本銀行に対し、安倍政権がかなり強い要請をして、それまでの物価上昇の"メド"の１％を「目標２％」と決めさせたんだ。
　このような対応から、それまで"思考停止"をしていたような「為替市場」で、「そもそも日本の円高は行き過ぎなんじゃないか」というような冷静に考える動きが出てきて、**行き過ぎた円高が解消される方向に動き出した**んだよ。

171

ただ、実はこれは「アベノミクス」だけの動きではなくて、そもそも**行き過ぎた円高に進んでいたのには"海外的な要因"**もあったんだよ。

🐻「確かに為替は、海外の通貨との比較だよね。具体的にはどういう背景があったの？」

　安倍政権の前というのは、まさに「ギリシャ危機」に端を発した「ヨーロッパ経済の財政破綻問題」があって、**円とユーロでは「まだ円のほうが安心かも」という判断があって"円高"の状況**だったんだよ。
　さらに、アメリカでも「財政の崖問題」という危機があって、政治の対立から、国の予算が大幅にカットされることも起こり得るような緊迫した状態だったんだよ。
そのため、**円とドルでは「まだ円のほうが安心かも」という判断もあって"円高"の状況**だったんだ。
　ところが**安倍政権が発足するのと、ほぼ同時くらいに、それらの問題が収束に向かったので、「世界経済の動き」からも、行き過ぎた円高が解消される方向に動き出した**んだよ。

Level 15 株式投資と「アベノミクス」の関係

「へ〜、なるほどね。つまり、**アベノミクスで"日本経済が変わりそうな雰囲気"をうまく作れたのと同時に、たまたま海外の経済状況でも、ドルやユーロが買い戻されて、"円安"の方向に進むようになってくれたのか**」

 そうなんだ。この「偶然」がうまく重なってくれて"行き過ぎた円高"がイッキに解消する方向に向かったんだよ。

「"行き過ぎた状態"を止めるためには"気付き"が重要になるんだね。
 つまり、"世界経済の動き"という偶然的な背景があったとしても、その"気付き"を与えた点でアベノミクスは効果を発揮できたわけだね」

 まさに、そういうことなんだ。
 そして、**"行き過ぎた円高"が解消されていくと、それまで「円高」で苦しんでいた日本の輸出企業は、イッキに業績が改善する**方向にまで進むことになるんだよ。

要は円高だと、海外から見て、日本の商品は割高に見えてしまっていたからね。

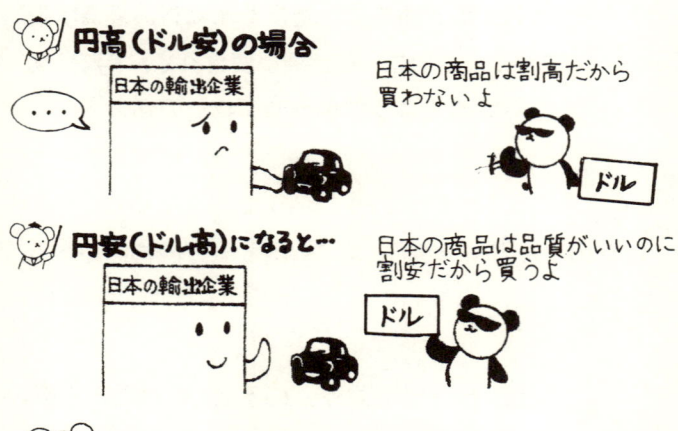

円高(ドル安)の場合
日本の輸出企業
日本の商品は割高だから買わないよ
ドル

円安(ドル高)になると…
日本の輸出企業
日本の商品は品質がいいのに割安だから買うよ
ドル

「なるほど。まずは、アベノミクスで日本の輸出企業の業績に影響を与えることができたわけだね」

　そうなんだよ。そこで、株式市場では、まさに、**"将来を織りこむ"** という流れが出て、輸出企業の株価が大きく上がることになってきたんだよ。
　しかも、**日本の輸出企業は、自動車や電機メーカーなど、日本を代表するような「超有名企業」だから、注目が集まり、株式市場に体温が戻り始めたんだ。**

そうなると、ようやく「株式市場」では、そもそも**「黒字企業なのに、PBRが1を下回っている会社」が多いのは異常すぎる**んじゃないのか、という当たり前のことに気付き始めて、**輸出企業だけではなく、他の日本の会社の株にも注目が集まっていって、ようやく「異常なまでに下がり続けていた株価」が戻り始める**ことになったんだよ。

> 「なるほどね。これが、アベノミクスと株高の
> 　仕組みなのか！
> 　日本の株価は上がりつつあるけれど、
> 　どのくらいまで上がるのかな？」

　これは、2段階で考える必要があるね。
　まずは、**「黒字企業なのに、PBRが1を下回っている会社」**においては、どのくらいの期間かは予測はできないけれど、少なくとも"定価"になるくらいまでは株価は上がる方向には行くんだろうね。

> 「確かに"ワンピースの話"のように、多くの人が
> 　いつ気付くのかは、誰にもわからないからね」

まさに、そういうことなんだよ。
そして、もう1つ注目したいのが「世界経済の動き」だね。
　例えば、2013年の4月の段階でアメリカの株価（ダウ平均）は**「史上最高値」を更新**し続けているんだ。
　この話で冷静に考えてみたいのは、そもそも日本も含め「世界的な株安の原因」となったのは**2007年からのアメリカの「サブプライムローン問題」**という"アメリカ発の住宅バブルの崩壊"だったんだよね。
　それが今では**「史上最高値」を更新**ということは、**"震源地"のアメリカでさえ、問題が起こる前の水準を超えている、ということ**なんだよ。

アメリカの（ダウ平均）株価の推移

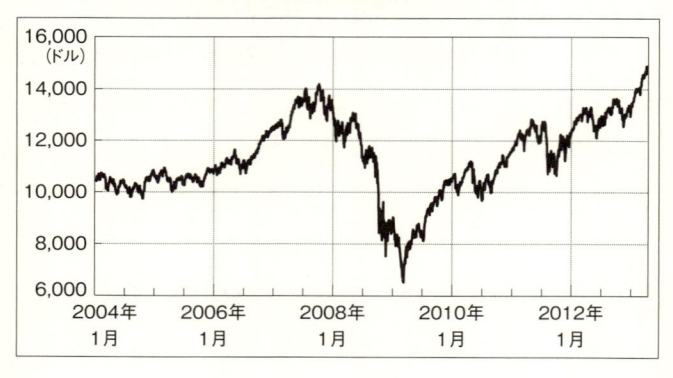

Level 15　株式投資と「アベノミクス」の関係

　その一方で、日本の株価は、というと、次のように「サブプライムローン問題」前の水準さえも、まだまだ到達できていないんだ。

日本の（日経平均）株価の推移

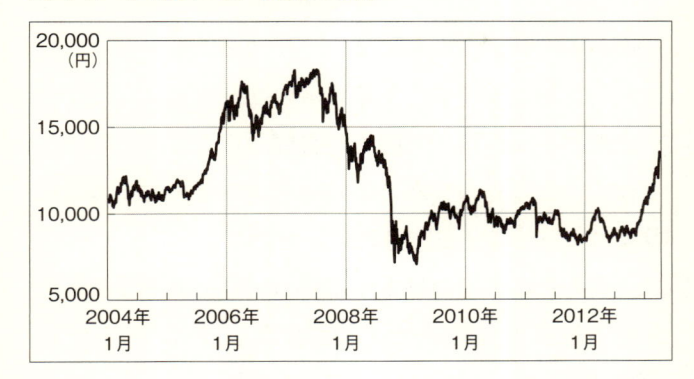

```
20,000
(円)

15,000

10,000

 5,000
    2004年    2006年    2008年    2010年    2012年
     1月       1月       1月       1月       1月
```

「本来なら、日本のダメージはアメリカよりも小さかったから、日本の株価が2007年くらいの水準にまで戻していても、不思議じゃないわけだね」

　基本的には、そういうことなんだ。これも、期間は予測できないけれど、1万6000円台程度は、どの段階で戻っても不思議ではないね。

「なるほど。あとは、日本ではアベノミクスの"②機動的な財政政策"と"③民間投資を喚起する成長戦略"もあるから、さらに期待できるわけだね」

確かにアベノミクスには「プラスの面」があるね。その一方で、同時に「マイナスの面」もあるんだよ。

最大の心配材料は**「国の借金問題」**なんだけれど、これも、この先の日本の経済を考えるうえで、非常に重要になってくるものなんだ。

つまり、この先の日本で暮らしていくには「投資」という視点の重要性がますます高まるんだけれど、**「攻めの投資」**に加えて、**「守りの投資」**という視点も必要になるんだよ。

そこで、続篇の**『実践・資産防衛篇』**では、『相棒』などをテーマにしながら、さらなる**株式投資の実践的な考え方**に加えて、**外貨投資、投資信託、保険**などについても詳しく解説することにするね。

初版のみ限定特典！ プレミアムコンテンツのアクセスパスワード

本書の特設サイト
http://bunshun.jp/pick-up/toshikoza
にアクセスすると、下記のパスワードで
2013年9月2日（予定）まで、このサイトでしか読めない
「細野先生の㊙投資コラム」（全3回）
ページにログインできます！
パスワード：Ky3EDjE7br

Casting

本文イラスト・デザイン・編集・著者

➡ ほその まさひろ

特別ふろく

「初めて株式投資をする人」の注文ガイド！

この本を読んできて、「株式投資をしてみたいけれど、注文の仕方がわからなくて心配」という人もいるでしょう。でも今は、ネット証券の普及で、パソコンでの株の売買注文がとても簡単になっているのです！

パソコンで株の取引をするには

　株の売買の注文を出すのは、実はとても簡単です。現在は、**インターネットを使ったパソコンでの取引**が増えてきているので、ここでは、実際の取引の様子について具体的に解説していきましょう。

　とりあえず、どの証券会社を選んでもパソコン上で行なう操作は基本的には同じなので、ここでは一般的な取引画面を使って解説することにします。

株式　買付注文	
お買付可能額	1,000,000円
市　場	東証 ▼
銘柄コード	
株　数	＿＿＿＿株
単　価	＿＿＿＿円　○指値　○成行
執行条件	○当日限り　○出合(週中)
口　座	◉特定　○一般

特別ふろく 「初めて株式投資をする人」の注文ガイド！

Step1
買いたい会社の「銘柄コード」と「市場」を入力する！

まず「**銘柄コード**」を知らない人もいるでしょう。実は、それぞれの会社には（取引がしやすいように）「番号」が割り当てられているのです。

例えば「**マツモトキヨシHD**」なら「**3088**」、「**東映**」なら「**9605**」、「**ハウス食品**」なら「**2810**」という感じです。

この「銘柄コード」の調べ方にはいろいろな方法がありますが、一般的なのは、検索サイトの『Yahoo! Japan』の「ファイナンス」という画面で会社名を入力することです。

すると、次のような画面が出てきて「銘柄コード」と「市場」がわかります。
（市場には「東証」、「ジャスダック」などがありますが、全銘柄のうち6割以上は「東証」が占めています）

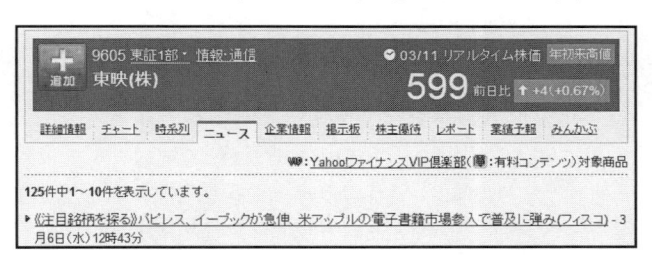

9605 東証1部 ▼ 情報・通信　　　❷ 03/11 リアルタイム株価　年初来高値
追加　**東映(株)**　　　　　　　　　　　　　**599** 前日比 ↑+4(+0.67%)

詳細情報　チャート　時系列　**ニュース**　企業情報　掲示板　株主優待　レポート　業績予報　みんかぶ

　　　　　　　　　　　　　　　W: Yahoo!ファイナンスVIP倶楽部(♛：有料コンテンツ)対象商品

125件中1〜10件を表示しています。

▶《注目銘柄を探る》パピレス、イーブックが急伸、米アップルの電子書籍市場参入で普及に弾み(フィスコ) - 3月6日(水)12時43分

Step2
買いたい株の「株数」を入力する!

　次に「株数」を入力します。この時に重要になるのが「**単元株数**」です。

　実は、それぞれの銘柄には"**取引できる最低の株数**"が決まっていて、必ずしも"**自分が買いたい株数**"が**買えるわけではない**のです。

　例えば「ハウス食品」なら「**単元株数」は100株**なので、1株だけを買うことはできないのです。つまり、基本的には「単元株数」の倍数でしか株を買うことはできないのです。

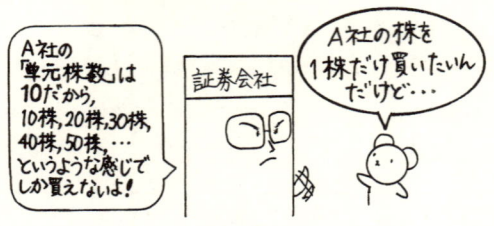

> A社の「単元株数」は10だから、10株、20株、30株、40株、50株、…というような感じでしか買えないよ!

> A社の株を1株だけ買いたいんだけど…

証券会社

🐻 「単元株」の実例

例えば、2013年4月1日時点での「単元株」は、
「ハウス食品」は、100株=15万5300円
「ファンケル」は、100株=9万9000円

Step3
「指値」で買うのか「成行」で買うのかを決める！

　さらに、「指値」か「成行」かを決めていきます。
「指値」というのは、「〇円（で買いたい）」というような
"具体的に指定した値段"のことで、
この値段で注文することを**「指値注文」**といいます。

　「成行」というのは、具体的に値段を指定せずに、
**「とりあえず必ず買いたいので、いくらでもいいから
（その日の株価の動きに合わせて）買っておいて！」**
というような**"なりゆき任せにする"**ことで、
こうした注文のことを**「成行注文」**といいます。

　さて、「指値」か「成行」のどちらで買うのかは、
各自の判断によって分かれるものですが、私は
次のような理由から、基本的には**「指値」で買う方**
がいいと思っています。

「板情報」について
　まず、インターネットが普及する前までは、
個人投資家は株式市場について詳細な情報を手に入れ
ることができなかったので、「成行」での注文をする
のも仕方がなかったと思います。

でも実は、**インターネットが普及した現在では、パソコンでかなり詳細な情報をリアルタイムで手に入れることができるようになったのです！**
実際に、次の画面を見てみてください。

売数量	値段	買数量
	成行	
200	258000	
235	257000	
361	256000	
453	255000	
706	254000	
	253000	253
	252000	689
	251000	380
	250000	343
	249000	124

売りたい人は、できるだけ高い値段で売りたいので、値段の高い方に注文が並んでいるんだよ！

買いたい人は、できるだけ安い値段で買いたいので、値段の安い方に注文が並んでいるんだよ

まず、このような画面を**「板」**と言います。
中央の株価（値段）の**"左隣に出ている数字"**が
"売りの注文が出ている株数"を表していて、
中央の株価（値段）の**"右隣に出ている数字"**が
"買いの注文が出ている株数"を表しています。

この画面を見ることによって、
「○円で売りたい人がこれだけいる」とか
「○円で買いたい人がこれだけいる」ということが
一瞬でわかるのです！

特別ふろく 「初めて株式投資をする人」の注文ガイド！

そのため、
**「今日は売りの注文が多い日だから、(○円までは)
下がりそうかな」**というようなことを瞬時に判断する
ことができるようになったのです。

例えば、パソコンでの取引であれば、次のイラストの
ように市場の変化に応じて、瞬時に行動を変える
こともも可能になるのです。

378円で買う注文を
出していたけど、
もっと下がりそうだから
急いで375円で買うことに
変更しよう！

あっ、急に売りが増えたぞ！
ということは、もっと下がる
ことになるな！

```
 5000  381
100000  380
       379  5000
       378  3000
       377  7000
```

◀今の
株価は
380円

つまり、今ではインターネットの普及をきっかけに、
**その日の株価の動きに合わせた"ベストな買い時"を
みつけることが可能になっている**のです！

このような例からもわかるように、せっかくの
「板情報」を使わずに**「成行」**によって"適当に買う"
というのは("割高"で買ってしまう確率も高く)
損する場合が多くなってしまうのです。

187

ただし、あまりに"ベストな買い時"を狙いすぎると、結局買えずに終わってしまう場合も出てくるので、"ほどほどの買い時"で納得することも重要なのです。

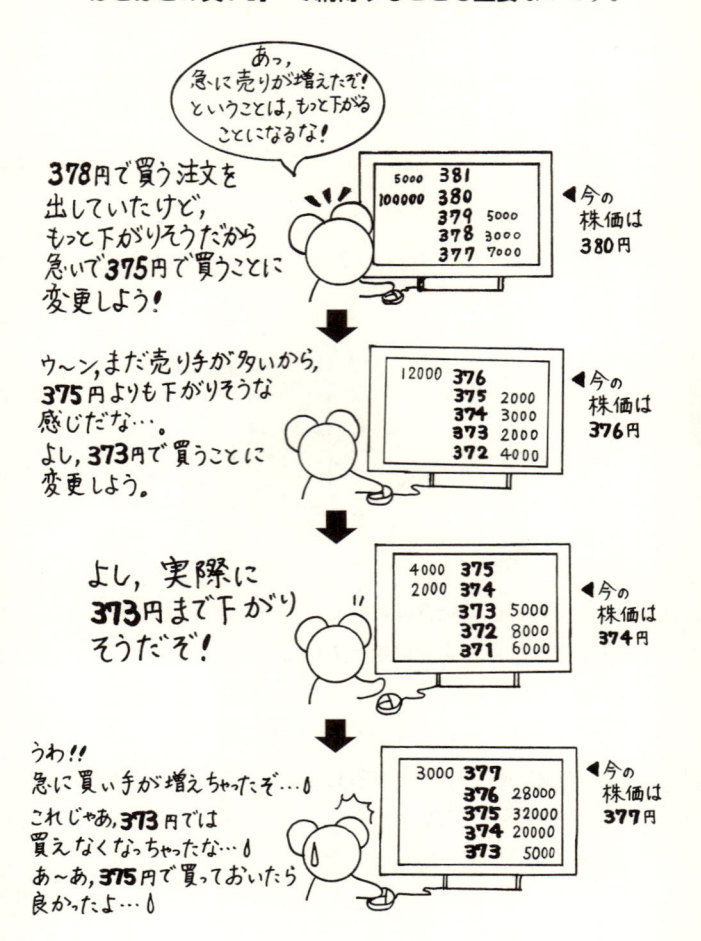

あっ、急に売りが増えたぞ！ということは、もっと下がることになるな！

378円で買う注文を出していたけど、もっと下がりそうだから急いで375円で買うことに変更しよう！

5000	**381**
100000	**380**
379	5000
378	3000
377	7000

◀今の株価は380円

ウ〜ン、まだ売り手が多いから、375円よりも下がりそうな感じだな…。
よし、373円で買うことに変更しよう。

12000	**376**
	375	2000
	374	3000
	373	2000
	372	4000

◀今の株価は376円

よし、実際に373円まで下がりそうだぞ！

4000	**375**
2000	**374**
	373	5000
	372	8000
	371	6000

◀今の株価は374円

うわ!!
急に買い手が増えちゃったぞ…
これじゃあ、373円では買えなくなっちゃったな…
あ〜あ、375円で買っておいたら良かったよ…

3000	**377**
	376	28000
	375	32000
	374	20000
	373	5000

◀今の株価は377円

─ Step4 ─
「当日限り」で買うのか「(今)週中」で買うのかを決める!

　株の注文の出し方は、主に
"その日だけに有効"な**「当日限り」**と、
"その週はずっと有効"な**「(今)週中」**の2通りです。
　これは、基本的には
「とりあえず毎日、その日の様子を見てから決めたい」
と考えている人は**「当日限り」**を選び、
「この値段だったらいつでも売買したい」
と考えている人は**「(今)週中」**を選べばいいのです。

　最後に、**「証券会社の口座の種類」**を選べば、
株の売買が実際に始められます。

証券会社の口座開設の流れ（直接行かない場合）

① 電話で資料を請求するか、証券会社のホームページの「口座開設」のコーナーで、住所や氏名などを記入する
② 口座開設に必要な「申込み書類」が送られてくる
③ 申込み書に記入、捺印。本人確認書類（免許証、保険証など）のコピーを添えて返送する
④ 約1週間後、自分専用ページのIDやパスワード、口座番号などが書かれた書類が送られてくる
⑤ 口座に金融機関から入金し、株式投資スタート！

mini lesson 　証券会社の選び方

　株を"買う時"と"売る時"には、それぞれ**「手数料」**がかかってしまいます。
これは「証券会社」によって大きく異なるので、**「どの証券会社を選ぶのか」がとても重要になる**のです。
　一般的には、窓口や電話でキチンと対応してくれる**「総合証券」**は、そのぶん**手数料が高い**傾向があります。
　ただ、一般的に**手数料が安い「ネット証券」**のサービスもどんどん向上してきていて、今では、それほど両者の違いはなくなってきているのです。
　主要な証券会社の手数料は次のようになっているので、参考にしてみてください。

主要な証券会社の手数料の例
＊以外はインターネットでの取引で、指値の「約定ごと」の場合
(2013年4月1日現在)

約定代金	20万円で買う(売る)場合	50万円で買う(売る)場合	100万円で買う(売る)場合	300万円で買う(売る)場合
SBI証券	194円	285円	511円	967円
楽天証券	194円	358円	639円	1209円
カブドットコム証券	283円	567円	1039円	2929円
野村証券	500円	500円	1000円	3000円
＊野村証券(窓口)	2730円	6825円	11634円	28434円
SMBC日興証券	1837円	4226円	8452円	20947円
＊SMBC日興証券(窓口)	5250円	6037円	12075円	29925円

細野真宏（ほその まさひろ）
予備校講師・作家。もともと数学を専門とし、著書は受験生のバイブルとなる人気をもつ。近年は経済の解説で絶大な支持を受けており、『世界一わかりやすい株の本』シリーズなど多くの著書がベストセラーとなっている。

文春新書

914

『ONE PIECE』と『相棒(あいぼう)』でわかる！
細野真宏(ほそのまさひろ)の世界一(せかいいち)わかりやすい投資講座(とうしこうざ)

2013年(平成25年)5月20日　第1刷発行

著　者　　細　野　真　宏
発行者　　飯　窪　成　幸
発行所　　株式会社　文　藝　春　秋

〒102-8008　東京都千代田区紀尾井町3-23
電話　(03) 3265-1211（代表）

印刷所　　　理　　想　　社
付物印刷　　大　日　本　印　刷
製本所　　　大　　口　　製　　本

定価はカバーに表示してあります。
万一、落丁・乱丁の場合は小社製作部宛お送り下さい。
送料小社負担でお取替え致します。

©Masahiro Hosono 2013　　Printed in Japan
ISBN978-4-16-660914-7

本書の無断複写は著作権法上での例外を除き禁じられています。
また、私的使用以外のいかなる電子的複製行為も一切認められておりません。

大好評既刊

『ONE PIECE』と『相棒』でわかる！細野真宏の世界一わかりやすい投資講座の「実践・資産防衛篇」につながる"最重要ポイント"は、この本の中に!!

細野真宏の最新の経済と政治のニュースが世界一わかる本！

- 日本の借金って大丈夫なの？
- そもそも「国債」って何？
- ニュースでよく見る「プライマリー・バランス」って何？
- 消費税が上がると景気は悪くなるって本当？
……

「実践・資産防衛篇」の前に、まずはこの本で予習を！

細野真宏の 最新の
経済と政治のニュース
が世界一わかる本！

みんなの将来不安にこたえる本！
年金 消費税 預貯金
知らないと損をする！
最重要ニュースがこの1冊でわかる!!

文藝春秋刊
ISBN 978-4-16-372690-8
価格　1200円＋税